シリーズ 思想としてのインド仏教

心と実存

唯識

TAKAHASHI Koichi

高橋晃一

春秋社

序章

本書で取り上げる唯識思想は、五世紀頃のインドで瑜伽行派とよばれる思想家たちによって提唱された。瑜伽行派はサンスクリット語ではヨーガーチャーラ（Yogācāra）といい、ヨーガの実践を行う人々を意味する。彼らは外界の対象は実在せず、すべては認識の結果に過ぎないと主張した。この思想が唯識思想とよばれている。本書では、その思想にちなんで、瑜伽行唯識派とよぶことにする。

この唯識思想の実質的な開祖はアサンガ（無着、五世紀頃）とヴァスバンドゥ（世親、五世紀頃）の兄弟とされている。〝実質的な〟というのは、伝説ではアサンガはマイトレーヤから教えを受け、唯識思想を世に広めたとされているからである。マイトレーヤは日本では弥勒菩薩として知られており、トゥシタ天（兜率天）という天界に住んでいて、五十六億七千万年後に仏となることが予言されている。このマイトレーヤに帰せられる文献が「弥勒の五書」として中国とチベットに伝わっている。しかし、マイトレーヤはトゥシタ天に住む菩薩であり、実在の人物ではない。一つの解釈としては、アサンガが瞑想中にマイトレーヤと出会うという神秘体験をしたことが、この伝説の元になっているとも考えられる。また、別な解釈として、唯識思想はアサンガ以前に説かれ始めていて、そうした思想家の教えがマイトレーヤという菩薩に仮託されて流布していたのかもしれない。いずれにしても、唯識思想を説く初期の文献がマイトレーヤの教説として今日まで伝わっている。現代の文献学者にできることは伝承されているテキストからその思想の意義を探ることしかない。

そもそも、「弥勒の五書」とよばれる文献は、中国とチベットで異なっている。中国伝では『瑜伽師地論』『大乗荘厳経論頌』『中辺分別論頌』『分別瑜伽論（散逸）』『金剛般若経論』であり、チベット伝では『大乗荘厳経論頌』『中辺分別論頌』『法法性分別論』『究竟一乗宝性論』『現観荘厳論』が「弥勒の五書」とされている。双方で共通しているのは『中辺分別論頌』と『大乗荘厳経論頌』の二つである。また、『瑜伽師地論』はチベットではアサンガの著作とされている。

マイトレーヤからアサンガへの相承や、アサンガの弟ヴァスバンドゥの事績については、すでに多くの入門書で詳しく解説されているので、そちらを参照してもらいたい。ここでは本書で扱う文献と、それらを取り上げる意図について簡単に解説しておく。

本書の第一章では『菩薩地（*Bodhisattvabhūmi*）』を、また第二章と第三章では「摂決択分（*Viniścayasaṃgrahaṇī*）」を取り上げる。この二つは形式的には単立の文献ではなく、『瑜伽師地論（*Yogācārabhūmi*）』という文献の一部をなしている。『瑜伽師地論』は初期瑜伽行派の文献のうち最も大部の論書であり、玄奘（七世紀）の漢訳で百巻よりなる。全体は「本地分」「摂決択分」「摂釈分」「摂異門分」「摂事分」の五つの部に分かれている。このうち「本地分」はいわゆる本論にあたり、続く「摂決択分」は「本地分」に対する解説とされている。一般的に、『瑜伽師地論』は古い思想と新しい思想が混在しているとみなされている。唯識派の思想を特徴付ける概念として、「アーラヤ識」と「三性説」というものがあるが、『瑜伽師地論』の「本地分」に含まれる『声聞地』『菩薩地』とよばれる部分は、これらにまったく言及しない。そのため、『声聞地』や『菩薩地』は古い思想を伝えていると考えられている（このほかに「摂事分」も同様の理由で古いとみなされている）。これに対して「摂決択分」はアーラヤ識説や三性説を扱っているため、思想的に新しい階層に属していると考えられている。「摂決択分」は「本地分」の解説と位置付けられているので、『菩薩地』などの古い思想が、「摂決択分」で新しい思想によって解釈されていることになる。

　このように古い階層に属していると考えられている『菩薩地』は、そもそも唯識思想を説いていない。『菩薩地』の思想は、「言語表現し得ない事物（vastu）」の存在と、それに対する分別（vikalpa）のはたらきを様々な角度から分析している。しかし、事物の存在を重視する思想は、外界の対象の実在性を否定する唯識思想とは相容れないような印象を受ける。そのためか、これまで唯識思想の入門書では、『菩薩地』の思想が本格的に取り上げられることはほとんどなかった。本書の第一章では、あえて『菩薩地』の思想を取り上げ、瑜伽行唯識派の思想を根源まで遡って考えてみる。

　第二章と第三章で取り上げる「摂決択分」は、『菩薩地』の事物に関する思想を五事説とよばれる学説によって分析している。三性説はこれまでも入門書などで解説されてきたので、比較的知られている学説である。これに対して五事説は、入門書で取り上げられたことはほぼない。三性説は「弥勒の五書」とされる『大乗荘厳経論』や『中辺分別論』をはじめ、アサンガやヴァスバンドゥの著作でも取り上げられており、瑜伽行唯識派の思想の重要な柱となっていることは疑いようがない。一方、五事説を詳しく扱うのは「摂決択分」だけで、唯識思想の中ではあまり重要視されていないかのような印象を受ける。しかし、五事説は『菩薩地』の事物（vastu）と分別（vikalpa）に関する思想を受け継ぎ、発展させた学説であり、『菩薩地』の思想と唯識思想をつなぐ重要な役目を果たしている。本書の第二章ではこの点を明らかにしながら、五事説の概要を示す。また第三章では、この五事説と関連して「摂決択分」の三性説を解説する。

第四章では『二万五千頌般若経』の「弥勒請問章」という文献を取り上げる。これも入門書で取り上げることはめずらしいかもしれないが、この文献は分別（vikalpa）のはたらきを重視し、その観点から、五事説と三性説を一連の学説として捉えており、『菩薩地』の思想や五事説を唯識思想へとつなげていくための重要な手掛かりが隠されている。

第五章では、『解深密経（*Saṃdhinirmocanasūtra*）』の思想を概観する。『解深密経』はアーラヤ識説、三相説（三性説に同じ）、三無自性説、唯識観など、瑜伽行唯識派の主要な学説を章ごとに分けて解説することで知られているが、全体を貫く思想性が見えない文献ともいわれている。また、唯識思想を説かない第一章は思想研究において、あまり重要視されてこなかった。しかしながら、『解深密経』の第一章では、『菩薩地』の思想の中心におかれていた「言語表現し得ない事物」が取り上げられており、しかも、それが『解深密経』全体の思想の基調となっている。『菩薩地』以来の思想の発展をここにも読み取ることができる。

第六章と第七章では、『大乗荘厳経論（*Mahāyānasūtrālaṅkāra*）』と『中辺分別論（*Madhyāntavibhāga*）』をそれぞれ取り上げる。すでに述べたように、この二書の偈頌の部分は、中国でもチベットでも「弥勒の五書」として伝承されている。またアサンガはその著『摂大乗論』でこれらの偈頌を引用しており、彼に先行する文献であることは間違いない。本書では『大乗荘厳経論』については、特に五事説との関係が緊密な部分を取り上げて紹介する。この部分もこれまでの入門書では取り上げられていない。一方、『中辺分別論』については、その思想の中核である虚妄分別（こもうふんべつ）という概念を中心に、基本的な思想を概説する。

第八章と第九章では、それぞれ、アサンガの『摂大乗論』とヴァスバンドゥの『唯識三十頌』について概説する。これらの文献の概要は入門書や解説書で繰り返し取り上げられているので、本書があらたな視点を付け加えることはない。しかし、あえていうならば、分別（vikalpa）の重要性に着目していることが、本書の特徴であろう。特に『唯識三十頌』では、アーラヤ識説と三性説が、分別という概念を通じて結び付けられている。このことからも瑜伽行唯識派の思想において分別が重要な位置を占めていたことがわかるだろう。

本書を第一章から通読すれば、瑜伽行唯識派の思想の基底において、分別（vikalpa）という概念がつねに重要な役割を果たしていたことがわかると思う。ちなみに「分別（ふんべつ）」はvikalpaというサンスクリット語の漢訳で、古くから使われている仏教用語である。この術語は「判断知」「構想作用」などと訳されることもあるが、瑜伽行唯識派の思想では、様々な心理作用まで含めて、人間の心のはたらきの総体を「分別」とよんでいる。そのため、本書では、あえて現代語に訳さず、「分別」という漢訳語をそのまま用いることとした。

唯識思想の概説書としては、アーラヤ識、三性説、唯識無境という概念を個別に取り上げて章を立て、解説するという手法もあり得るが、本書では文献ごとに章を立てる形を取ることとした。一つには、これらの概念は実際には密接に関連しあっており、分けて論じるとかえって話が難しくなる、ということがある。もう一つは、文献ごとに取り上げることで、思想の発展過程を読み取りやすくする、ということもある。ただし、本書でならべた順番は、必ずしも歴史的な順序になっているわけではない。およそ思想史的な順序になるように配慮しているが、『瑜伽師地論』と『解深密経』の関係や、「弥勒請問章」の歴史的位置付けは不明な点も多い。本書では各文献で説かれる内容の関係性をわかりやすくするために、読者の理解を妨げない順序に、便宜的に配置している。詳細については各章の冒頭で解説しているので、そちらを参照してもらいたい。

本書での引用文は、原文を筆者の解釈に基づいて和訳している。できるだけ原文に忠実に訳すように心がけたが、言葉をおぎなったり、代名詞の内容を説明したりする際に、専門書にあるような括弧書きは避けている。括弧書きで厳密に訳すことは専門家にとっては重要なことだが、一般読者にとってはかえって煩わしいこともあるので、読みやすさを重視して訳文を作った。ご承知おきいただきたい。

高橋晃一

二〇二四年一月十日

シリーズ思想としてのインド仏教

心と実存　唯識

目次

シリーズ思想としてのインド仏教

心と実存　唯識

第一章　『菩薩地』「真実義品」
―言語表現し得ない事物（vastu）―

『菩薩地』「真実義品」について

本章で取り上げる『菩薩地』は、瑜伽行唯識派の文献の中でも特に古い思想を伝えていると言われている。その第四章は「真実義品（しんじつぎほん）」とよばれており、事物の実在性と認識の虚構性について詳しく論じている。この「真実義品」で説かれる思想は、事物の存在を前提にしているので、唯識説ではない。一般に瑜伽行唯識派の思想は唯識思想として知られているので、その最初期の文献で事物の存在を前提にした思想が説かれていたと聞くと、奇妙に思うかもしれない。しかし実際に、『菩薩地』はこの学派の思想史においては特異な思想を伝えており、唯識思想を語る上で重要な概念である「アーラヤ識」や「三性」にまったく言及しない。こうしたことから、『菩薩地』は唯識思想が体系的に整備される以前の古い思想形態を伝えていると考えられている。

これまでの研究では、『菩薩地』は三性説の淵源とみなされることはあったが、唯識思想との関係については、よくわかっていないことが多い。しかしながら『菩薩地』の思想を詳しく調べてみると、その後の唯識思想への発展の萌芽を見ることができる。

『菩薩地』の本質的な問題意識は、「菩薩とは何者か、何をどのように学び、いかに実践すべきか」ということにあり、これについて全体にわたって、様々な形で説かれているが、特に第四章「真実義品」には、その思想の精髄が凝縮されている。「真実義品」の思想は、端的にいえば、「言葉で表現できない事物が実在する」ということになる。「言葉で表現できない事物」は、無我（むが）や空（くう）といった仏教の存在論を解釈するために、重要な役割を果たしている。いわば、存在に関する哲学的な思索の基礎となっている。しかし、ただそれだけにとどまらない。後に詳しく述べるように、「言葉で表現できない事物」は菩薩の倫理的な行動を裏付けるための重要な視座を与えている。したがって、この概念は大乗仏教の菩薩の哲学と倫理を媒介する役割を果たしている。ただし、『菩薩地』「真実義品」の論述や構成は、われわれにとって、必ずしもわかりやすいものではないので、まず概要を示しておく。

言語表現し得ない事物（vastu）

「真実義品」は、「すべての事物（vastu）は言語表現し得ない」ということを繰り返し説いている。この「事物」は vastu というサンスクリット語の訳で、「実在物」「物体」などの意味合いが強い。したがって、実在物は言葉で表現できないという考え方をしているといえる。この場合の実在物とは、何か特殊な存在を想定しているわけではなく、われわれが名称を用いて理解している、あらゆる存在を意図している。したがって、言語によって形成される認識と、言語の指示対象となる、あらゆる事物の間には、本質的なつながりがないという考え方が、『菩薩地』「真実義品」の思想の前提となっている。

しかし、このような考え方は、単に言語認識の構造を示すにとどまるものではない。日常生活においては、われわれは対象に名称を付与し、差異化する。差異化によって、甲と乙が区別されるが、このとき単純に甲を乙から区別するだけでなく、「甲の方が乙より好ましい」などの価値的な判断をも含むことがある。この価値的な判断は意図的な場合もあれば、無意識に生じる印象の場合もある。また、このような判断が起こらない場合であっても、ものに優劣を付けないように自覚しているわけではなく、無意識のうちにものの存在意義を捨象している場合が多い。存在の価値を捨象されたものは、価値的判断が向かっている対象の背景に押しやられてしまい、意識には上らない。結局は意識が向けられているものと、そうでないものの間に差異を設けていることになる。

しかし、こうした価値的な判断は言語による差異化によって生じるものなので、実在する事物が本質的に言語表現し得ないものであるとしたら、事物と価値判断は本質的に結びついていないはずである。大乗仏教の修行者である菩薩は、これを理解することによって、対象をすべて、差異のないものとして平等に見る視座を得る。この視座は、大乗菩薩の行動の原理となる。大乗仏教の本質は利他行にある。利他行とは単に他者に善を施すことではなく、善行を通じて他者を仏道に教導することを意味している。したがって、他者との密接な関わりが求められる。この他者との関わりにおいて、菩薩はすべてのものを平等に見ることを求められる。そのとき、菩薩は「自」と「他」の区別すらも乗り越えなければならない。この境地に至って初めて、菩薩の他者に対する倫理的な実践が有意義なものとなる。実在する事物が言語表現し得ないことを理解し、ものごとを区別なく平等に見ることができるようになったとき、菩薩は優越感や物惜しみなどの雑念を払拭し、倫理的実践が完成に向かう。そうした意味で「言語表現し得ない事物」について理解することは、菩薩の実践と深く関わる重要な要因といえる。

ともあれ『菩薩地』の思想は事物（vastu）の存在を前提としている。それに対して唯識思想は外界の実在物の存在を否定する。このように両者は正反対の考え方をしているように見えるため、『菩薩地』の思想は唯識思想との関係が希薄な、孤立したものとして扱われてきた。そのため、唯識思想史において、『菩薩地』の思想が的確に位置付けられることはほとんどなかった。しかし、本書ではあえて、『菩薩地』の思想を唯識思想史の中に位置付けようと思う。『菩薩地』の思想は事物（vastu）の存在を証明することを目指しているのではなく、事物を捉える心のはたらきにこそ、問題があるということを明らかにしようとしている。そのような心のはたらきを『菩薩地』は「分別（vikalpa）」とよんでいる。この事物と分別の関係と、その中で生きている菩薩の在り方は、唯識思想全体を貫いて、繰り返し考えなければならない課題となっている。以下では、この『菩薩地』「真実義品」の思想について、できるだけ原典に基づいて解説を試みる。

四種の真実

『菩薩地』「真実義品」の思想は「事物（vastu）は言語表現し得ない」というこ

とに尽きる。しかし、『菩薩地』「真実義品」はこの論題に入る前に、「真実（tattva）」というものが四つの異なる水準にわけることができると述べている。まず、その四つの真実を示す。（括弧内は玄奘訳）

①世間で承認された真実（世間極成真実）
②道理によって承認された真実（道理極成真実）
③煩悩という障害からの浄化のための知の活動領域としての真実（煩悩障浄智所行真実）
④認識対象に対する障害からの浄化のための知の活動領域としての真実（所知障浄智所行真実）

「真実義品」の説明によれば、①は日常的な場面において言語の指示する内容が人々の間で共有され、意志疎通が可能な状態にあるときに、彼らの言葉遣いによって捉えられる事物（vastu）のことであり、②は道理を理解した知識人の間で、正しい認識手段によって確定された認識対象としての事物（vastu）である。①と②では、いずれも事物が真実とされる。「真実義品」の章末では、この二つは

「劣った」真実とされている。

これに対して③と④の真実は仏教の教理に関わっている。次節以降で詳しく述べるように、③の内容は声聞・独覚の理解する人無我であり、④は大乗仏教の仏・菩薩が体得すべき法無我と関わっている。そして、それぞれ「煩悩障（煩悩という障害）」「所知障（知られるべきものに対する障害）」というものを除去する智慧の活動領域（対象）とされている。この「煩悩障」と「所知障」はあまり知られていない言葉かもしれないが、ひと言でいえば悟りを妨げるものであり、唯識思想全体を通じて、この二つの妨げを除去することが課題となっている。詳細については次節以降で解説する。

ところで①②と異なり、③と④の解説には事物（vastu）という術語が用いられていない。しかし、後述するように④は「事物は言語表現し得ない」という命題を内実としており、また③の内容を前提として④の理解が可能になるという構造になっている。つまり、「事物」の存在を前提にして、四つの真実はつながっている。四つを分けるものは、事物の性質の違いではなく、事物を把捉する知性の質の違いであることは、一見して理解できる。①は世間的な共通認識が保証されるという意味での言語認識の妥当性が念頭にあり、②では論理的な思考の正しさが前提となっている。さらに③は声聞乗・独覚乗の視点での真理、④は大乗の視点での真理となる。①から④に向かって、より深い洞察となっていく。

五蘊と人無我—煩悩障浄智所行真実—

『菩薩地』「真実義品」によれば、③煩悩障浄智所行真実は声聞と独覚にとっての真実であり、具体的な内容は、苦集滅道の四つの真理（四聖諦）とされている。この四聖諦の体現について、「真実義品」は次のように述べている。

> 声聞・独覚たちが、五蘊のみを認識し、蘊以外に我（アートマン）という別なものがあると認識しないとき、縁起的に生じた諸現象（諸行）の生滅に関わる智慧により、五蘊を離れて人（プドガラ）は存在しないことを繰り返し観察することによって、彼らに四聖諦の現観が起こる。[1]

これは人無我という仏教の基本的な教理と関わっている。「無我」とは「我が存在しないこと」、あるいは何かが「我ではないこと」を意味する。この場合の「我」とは恒常不変の本質のことで、「アートマン」と呼ばれている。一般的なイ

【1】高橋 [2005: p.154, 2.2.3.2]

ンドの思想では、アートマンは個人の本質であり、輪廻（死後、別な生存への再生を繰り返すこと）の主体と考えられている。仏教はその「我（アートマン）」の存在を否定し、無我を説く。この無我には「人無我」と「法無我」の二種類がある。人無我は声聞や独覚が了悟する無我であり、人間という存在には恒常不変の本質がないということを表している。それに対して法無我は大乗仏教で説かれるようになった無我で、人間を構成する要素である五蘊をはじめ、あらゆるものが恒常不変の本質を持たないという考え方である。「あらゆるもの」を仏教では「一切法（sarvadharma）」というので、法無我という。③の真実は声聞・独覚にとっての真実であり、そのため人無我と関係している。

われわれは人が存在することを疑わない。しかし仏教では人の存在の仕方について、異なる考え方をしている。人という存在を顧みると、まずは肉体と精神に分析することができる。仏教では、精神をさらに感覚、観念、情動、認識という四つの要素に細分する。物質的な肉体は、仏教用語で「色」といい、精神的な諸要素である感覚などの四つの要素を、それぞれ「受（感覚）」「想（観念）」「行（情動・思考）」「識（認識）」とよぶ。人という存在は、これら色・受・想・行・識の五つで構成されている。この五つの要素のことを「蘊」と呼ぶ。各要素は

「色蘊」「受蘊」などと呼ばれ、五つをまとめて「五蘊」という。人という存在を分析すると五蘊が複雑に関係しあってできていることがわかる。そして五蘊以外に、人を人として成り立たせている要素は見当たらない。五蘊以外に人を構成する要素がないということは、人という存在の本質として「我（アートマン）」という特別な要素を想定する必要はないことを意味する。したがって、人には「我（アートマン）」が存在しないので、「人無我」ということになる。

これは別な見方をすれば、五蘊の集合以外には人と呼べる存在はないということでもある。そして肉体である色も、精神的な要素である受・想・行・識も、何らかの原因から生じ、変化し、やがて消えていく。先の引用文の「縁起的」というのは、「原因によって生じる」という意味であり、五蘊が原因から生じ、やがて滅することを言い表している。

人が生まれ、やがて滅することは「苦」である。そしてその苦の生起（集）には原因がある。その苦の原因を滅すること（滅）で、人は苦から解放される。苦を滅するための方法（道）があり、人はそれを学ぶべきである。引用文にある四聖諦の教えとはこのようなものである。声聞・独覚たちは、人は五蘊で構成されていること、そして五蘊は原因によって生じ、やがて滅するものであることを繰り返し観察し、苦集滅道の四聖諦を現観する。これが第三番目の真実である。

法無我と言語表現し得ない本質—所知障浄智所行真実—

③が声聞・独覚にとっての真実であったのに対して、④は仏・菩薩にとっての真実とされる。それは次のように説明されている。

菩薩たちと諸仏の、法無我に悟入するための、またすでに法無我に悟入した、極めて清浄な、すべての法（ダルマ）が言語表現し得ない本質を持っていることに関する知によって理解される活動領域としての対象、それが無上の真如である。[2]

ここでは④の真実は、法無我に関する知によって捉えられるもので、「真如（しんにょ）」と言い換えられている。法無我というときの「法（ダルマ）」とは、ブッダの教説に見られる存在の構成要素のことで、例えば五蘊に含まれる色・受・想・行・識はそれぞれが一つの法とみなされている。一般的には法無我という場合、色などが恒常不変の固有の本質を持たないことを意味する。『菩薩地』はこれに独自

【2】高橋［2005: p.155, 2.2.4.2］

の解釈を加え、「色」などの法が言語表現し得ない本質を持っていることを、法無我としている。

ここではまだ明言されていないが、言語表現し得ない本質を持っているものは「事物（vastu）」であり、「事物が言語表現し得ない本質を持っている」という考え方が、「真実義品」全体を通じて繰り返し主張される命題となっている。『菩薩地』「真実義品」では、この事物という概念は真如と同義語のように扱われ、勝義的実在ともいわれている。『菩薩地』は、言語表現によって形づくられる観念的な本質を「我」とみなし、勝義的な実在である事物がそのような「我」を離れていることを「法無我」としている。

有と無を離れた不二

『菩薩地』「真実義品」は、この「真実」の特徴は、有でもなく、無でもないという意味で「不二」であるとし、次のように説明している。

> 「有」は、言語表象（prajñapti）のための語を自性として定立されたものである。それは、語によって言い表された通りに、長い時間をかけて、世間の

人々によって執着されたものであり、世間の人々の分別（vikalpa）の展開の根本である。「色」などのような、言語表象の語によって慣習的に了解された諸存在の自性が、世間の人々にとっての「有」であると言われる。

「無」は、他ならぬこの「色」などという言語表象のための語が、事物（vastu）を欠いていることであり、言語表象の語の基体がまったく存在しないこと、それが「無」と言われる。

「有」と「無」の二つを離れていて、法相（ほっそう）にまとめられる事物（vastu）は不二である。不二は中道であり、両極端を離れた最高の状態と言われる。[3]

難解な文章だが、要するに『菩薩地』は世間の人々が言語表現によって慣習的に捉えている世界を「有」と考え、その背景にある実在としての事物（vastu）の存在を否定することを「無」と捉えている。『菩薩地』の表現は分かり難いが、「有」とは、存在しないもの（言語表現によって成り立つ存在）を実在として誤認している状態であり、「無」は実在（言語表現し得ない本質を持ちながら、言語表現の基体となっている事物）を非存在として否定することである。（仏教の専門用語では前者を増益（ぞうやく）、後者を損減（そんげん）という。）したがって、不二は誤った認識に基づく「有」

【3】高橋［2005: pp.156-157. 3.2, 3.3, 3.4］

と「無」を離れたものであり、そのような仕方で存在するものが事物（vastu）であるとされる。その事物が「法相に包摂される」といわれているのは、事物が色などの「法」として捉えられることを意味しているのであろう。なお、『菩薩地』はそれを中道とよんでいる。中道という場合の不二は有と無を離れた「境地」であり、事物そのものではないだろう。

『菩薩地』の記述はそもそもかなりぎこちなく、分かり難いものである上に、不二を事物といいながら、中道とも言い換える点には曖昧さをのこしている。しかし、言語表象（prajñapti）によって「有」として構成される世界が事物の本質ではないこと、また一方で、言語表象（prajñapti）の基体である事物が存在しないとすることは「無」であり、そのような状態はあり得ないということは、「言語表現し得ない事物」について、『菩薩地』が初めて詳しく述べた個所なので、重要であると考え、ここに紹介した。

事物（vastu）は言語表現し得ない

先にみた③と④の真実の背景には無我という思想がある。無我には人無我と法無我があることはすでにみたが、このうち人無我は、実体としての五蘊に対して、概念としての「人」を表象するという構造をもっている。『菩薩地』「真実義品」では、この人無我の構造をダルマ（法）という概念全体に敷衍していく。人無我の場合、色・受・想・行・識の五蘊は実体であると考えられている。しかし『菩薩地』は、実体的存在とされる「色」も単なる名称であり、言語表象(prajñapti)であると考え、そのような表象の基底には、いかなる名称によっても名付けることができない実在としての事物（vastu）があると考えた。

『菩薩地』によれば、この言語表現し得ない実在である事物（vastu）に対して、「色」などの言語表象が投影されているが、事物（vastu）それ自体は、「色」などの名称で呼ばれる必然性がない。「色」とは、あくまでわれわれが恣意的に与えた名称に過ぎない。名称と対象の関係について考えてみると、同じものでも異なる名称で呼ばれることがあることに気づく。例えば、日本語では「太陽」のことを「お日様」といったり、「お天道様」といったりする。このように同じものでも違う名前で呼ぶことはある。『菩薩地』の考え方では、名称が対象の本質(自性)を指示するのであれば、名称と対象は一対一で対応していなければならない。しかし実際には、同じ対象を様々な名称でよぶことができるので、名称とその指示対象である本質は一対一で対応しているわけではない。したがって、名称は恣意的に付与されたものということになる。

日常的な場面では、われわれは事物（vastu）に名称を与え、指し示している。しかし、名称は恣意的に与えられたものに過ぎない。つまり、事物と名称の間には必然的な関係がない。このような事物を『菩薩地』は「言語表現の基体でありながら、言語表現し得ない勝義的実在」と表現している。

無我と空性

『菩薩地』「真実義品」は、人無我と法無我の関係について、次のようにも述べている。

「色」などの諸蘊が存在する場合に「人」という言語表象（prajñapti）は妥当であり、存在しない場合には事物（vastu）を伴わない「人」という言語表象は妥当ではないように、まったく同様に、色などの諸法にとっての単なる事物（vastumātra）が存在する場合に、色などの諸法に関する言語表象のための語による隠喩（upacāra）は妥当なのであり、存在しない場合は事物を伴わない言語表象の語による隠喩は妥当ではない。この場合、言語表象に

とっての事物が存在しないので、基体を持たない言語表象も存在しない。【4】

先に、③の煩悩障浄智所行真実について説明する中で、五蘊という実在を離れて「人」という存在はあり得ないということが述べられていた。右の引用文はその内容を実在と言語表象という観点から説き直したものと言える。諸蘊は実在であり、「人」はそれに依存している仮の表現に過ぎない。したがって、実在である諸蘊がなければ、「人」も存在し得ない。これは人無我の解釈と言える。『菩薩地』はさらに、色などの蘊としての諸法と言語表象の関係に踏み込み、同様のことが諸法についても言えることを明らかにする。「色」なども言語表象であり、その背景には実在としての事物が存在している。事物なしには「色」などの言語表象も成り立たないのである。

これに続けて『菩薩地』は次のように述べている。

> 大乗と関連し、深遠で、空性と関連し、隠された意図のある内容を考察した難解な経典を聞いて、「すべては単なる言語表象に過ぎないもの (prajñaptimātra) である。これが真実であり、このように見る者は、正しく

【4】高橋［2005: p.165, 5.3.3］

見る者である」という見解を持つ者たちには、言語表象の基体である単なる事物（vastumātra）がないので、言語表象そのものが存在しない[5]。

この文章で言及されている「空性と関連する大乗経典」が何をさすのか定かではないが、「般若経」が念頭にあるのではないかと思われる。いずれにせよ、そうした経典の難解な意図を正しく理解せず、「すべては言語表象に過ぎない」という文言を文字通りに受け取る人たちは、空性を誤って理解していると非難される。こうした人たちは言語表象の基体である事物（vastu）を否定するので、結局は言語表象をも否定することになる。

「空」は大乗仏教で哲学的に深められた概念だが、「甲が空である」というとき、その甲が存在しないという意味で受け取られることがある。しかし、これまでみてきたように『菩薩地』の思想の根底には勝義として実在する事物（vastu）があり、その存在が否定されれば、言語表象によって成り立っている世界、すなわちわれわれが経験している世界も存在し得ないことになる。そのため、『菩薩地』は「空」という概念について、次のような独自の解釈を示している。

【5】高橋［2005: p.165, 5.3.4］

> あるもの《甲》が、あるもの《乙》において存在しない場合、それ《乙》はそれ《甲》に関して空であると正しく見る。しかし、あるもの《乙》はここに残されている場合、それ《乙》は存在するものとして、ここにある、とありのままに理解する。これがありのままの誤りのない空性への到達と言われる。[6]

この一文は『小空経』という阿含経典の一節と言われている。これによれば、空という状態は《甲》と《乙》という二つのものの間で成り立っている。すなわち単純に《甲》が存在しないことを「空」と言っているのではなく、《甲》が《乙》において存在しないことが「空」という状態であり、その場合、《甲》は存在しないが、《乙》という場はのこることになる。『菩薩地』はこれを踏まえて、「色」などの言語表象によって形成される法が、事物（vastu）の上に存在しない状態を「空」であると解釈した。その場合、言語表象によって形成される法の実在性は否定されるが、その言語表象の基体である事物（vastu）の実在性は否定されない。

このように二項間の関係として空性を解釈することで、『菩薩地』は事物の実

【6】高橋［2005: p.166. 5.4.2］

在性を損なうことなく、大乗仏教の標榜する空思想を自身の思想体系の中に収めることに成功した。この空性解釈は、唯識思想にも取り入れられている。

八種の分別

これまで、「言語表現し得ない事物（vastu）」について、様々な角度から見てきたが、一方で、この事物は言語表現の基体でもある。むしろ日常生活の中では言葉によって対象を指示し、それによって意思疎通が成り立っている。『菩薩地』「真実義品」によれば、このような言語表現の背景には「分別（vikalpa）」がある。分別とは、対象に対して「しかじかである」と判断する心のはたらきである。「分別」という語は、今日の日本語では、「思慮分別がある」などのようによい意味で使われているが、仏教では、対象を本来とは異なる形で認識する心のはたらきが分別であり、悪い意味で使われる。

この分別を「真実義品」は八種に分けている。八種とは、自性分別、差別分別、総執分別、我分別、我所分別、愛分別、非愛分別、彼倶相違分別である（玄奘の漢訳による）。

一つ目の「自性分別」は、ものの本質、あるいは固有の在り方である「自性」

に関する分別である。例えば、「色」と名付けることができるものに対して「色である」と判断することであり、これによって対象が何であるのかが、特定される。

二つ目は「差別分別」である。「差別」は「しゃべつ」と読む。これは今日の「差別（さべつ）」のことではなく、状態の差異を意味する。これにより「色である」と捉えられた事物に対して、「これは善い」「これは悪い」などと判断する。このように、「色」として特定された対象が、差別分別により、属性を付加されるような形で区別される。

三つめの「総執分別」は部分の集合を一つのまとまりとして捉える分別である。例えば、壁や戸、窓、屋根など個々の部分が集合してできたものを「家屋」と呼んだり、樹木の集まったものに対して「森」という名称を付与したりする。また先述したように、五蘊の集合に対して「人」という名称を付与するのも、この分別のはたらきによる。

以上の三種の分別は、事物に対して何らかの名称を付与し、そういうものとして捉えるはたらきをしている。

さて、このように事物を差異化して捉えると、それらの事物に対して自分との関係を想定するようになる。それが四つ目の「我分別」と五つ目の「我所分別」である。「我分別」とは「私は何々である」と思うことであり、「我所分別」は「私には何々がある」と思うことである。これは、長い時間をかけて、事物（vastu）を自分自身であるとか、自分のものであると思い込むことであり、誤った判断である。

　このように事物を自分との関係で捉えると、事物に対して「好ましい」「厭わしい」「何とも思わない」という気持ちが生じる。これを「愛分別（好ましいものであるという判断）」「非愛分別（好ましくないものであるという判断）」「彼倶相違分別（好きでも嫌いでもないという判断）」という。これらは、ほかのものと区別して捉えるという意味では判断だが、実際には好悪の感情に近い。後述するように、この三つの分別は貪（貪欲）・瞋（敵意）・癡（愚昧）の三毒と呼ばれる最も本源的な煩悩を生み出す元になっている。

分別が事物を生み出す

　奇妙に思われるかもしれないが、この八種の分別は三種の事物（vastu）を生み出す、と『菩薩地』「真実義品」はいう。三種の事物とは、①「色」などの名称を持つ事物（vastu）、②有身見（自分の体が存在するという見方）と我慢（慢心）、③貪（貪欲）・瞋（敵意）・癡（愚昧）の三毒である。

最初の「色」などの名称を持つ事物は、文字通り事物だが、有身見と我慢は自我意識に基づく執着であり、貪瞋癡の三毒は仏教で広く説かれる煩悩なので、われわれの通常の語感では事物とは言わないであろう。仮に『菩薩地』の文脈ではそれらを事物と呼ぶのだとしても、そもそも「心のはたらきから事物が生じる」という発想は理解し難い。この点で『菩薩地』「真実義品」の分別と事物の関係は不可解としか言いようがないが、事物（vastu）という概念が指し示す範囲や、分別のはたらきに関する考え方が、われわれが想定している物質と精神とは異なっているのかもしれない。あるいは「生み出す」という表現が比喩的なもので、解釈が必要なのかもしれない。

いずれにしても、『菩薩地』の思想の中心にあるのは事物（vastu）だが、それは言語表現し得ない実在である限り、分別の対象とはなり得ない。分別は言語と密接に関わっているのだから、言語表現し得ない事物を把捉することはできない。しかし、それにもかかわらず、分別は事物に名前を与える。ここに名称によって成り立つ言語表象の領域が生じる。われわれは、そこに生きている。このわれわれが生きて、活動している場の生成が、八種の分別から三種の事物が生じるという現象なのであろう。それらの関係は次のようになっている。

まず初めの三つの分別、すなわち自性分別、差別分別、総執分別は「色などの名称をもつ事物」を生じる。色などの名称を持つ事物は、さらに分別が展開する基体となる。この事物を拠り所として、より一層、多種多様な分別がはたらく。

次に、我分別と我所分別は「有身見」と「我慢」を生じる。「有身見」とは自分の身体が存在するというものの見方であり、「我慢」は自己の存在に対する慢心である。この二つは様々な誤ったものの見方や驕りの原因とされている。

愛分別、非愛分別、彼俱相違分別はそれぞれ貪（貪欲）・瞋（敵意）・癡（愚昧）を生じる。この三つは三毒と呼ばれ、すべての煩悩の根源である。愛分別は、美しく魅力的な事物に対して、「好ましい」と思うことであり、その結果として、そのような対象を手に入れたいという欲求が起こる。これが「貪」である。一方、「非愛分別」は醜く、魅力的でない事物に対する嫌悪感である。「瞋」は一般的には憎しみのような感情とされるが、「真実義品」の文脈では「厭わしい」や「嫌悪」のような感情であろう。次に、「好ましい」とも「厭わしさ」とも思わないことが「彼俱相違分別」であり、美しくもなく、醜くもない事物に対して、好悪の感情が起こらず、欲しいとも、欲しくないとも決断がつかない状態になる。そのため愚昧としての「癡」という煩悩が起こる。

三種の事物の関係

分別によって生み出される三種の事物のうち、「色」などの名称を持つ事物が最初に生じるとされている。この事物があることによって、有身見と我慢が起こる。さらにこの有身見と我慢によって、貪瞋癡の三毒が生じる。すなわち、まず事物に対して名称を付与し、他と区別された存在として捉えると、区別されたものに対して「私」という自覚が芽生え、「私は何者である」「私は何かを所有している」と考えるようになる。このように、対象化されたものを自分との関係で捉えるようになったとき、対象に対する愛着や嫌悪、あるいは決断がつかない状態が起こる。このことから、「色」などの名称を持つ事物の生起が、すべての煩悩の根底にあることがわかる。

分別と事物の相互因果

さらに、この分別と事物は、始まりも分からない遠い過去から因果関係にあるとされる。厳密には、過去の分別が現在の事物を生み出したのであり、現在の事物は現在の分別を生む。分別が事物を生みだしているということを理解しなければ、未来において、分別はさらに事物を生み出す。

この一連の流れの中で、まず分別が事物に先んじて原因として挙げられているが、これには重要な意味があると思われる。すなわち、見えている世界はあらかじめ見えている世界として存在しているわけではなく、まず分別がはたらき、対象として差異化することによって見えるようになる。差異化された世界はさらに差異化の原因である分別を生み出す。これが未来にまでつながり、永久に続くことになる。このようにして、分別と、それによって名称を付与され、把捉された世界としての事物は途切れることなく連続し、「私」に「見えている世界」を生みだし続ける。「私」はその世界が名付けられている通りに存在するものとして疑わないのである。

輪廻と涅槃

前節でみたように、分別と事物は相互因果関係にあり、過去から未来に向かって、互いを生みだし続ける。これは人間の一生の間のできごとと捉えることもできるが、現世の生存を超えた輪廻の生存とも解釈できる。「真実義品」は、輪廻について次のように述べている。

凡夫達には三つの事物を生み出し、世間を作り出す八種の誤った分別がある。その分別は四種の如実知（ありのままの理解）を欠いているために起こる。さらにまたこの誤った分別から汚れが起こり、汚れから輪廻の流転が起こり、輪廻の流転から輪廻に随伴する生老病死などの苦が起こる。[7]

われわれには三種の事物を生み出す分別があり、その分別がはたらくことで、汚れが生じる。汚れは輪廻の原因となり、輪廻の中を流転する限り、生老病死の苦から逃れることができない。これがわれわれ凡夫の在り方である。ここでは四種の如実知（にょじっち）というものがないために、われわれ凡夫に分別が起こるとされている（「四種の如実知」については、次節以降で詳述する）。逆にいうと、四種の如実知によって、分別のはたらきを止めることができるということであろう。『菩薩地』「真実義品」はこれに続けて、次のように述べている。

【7】高橋［2005: p.177, 10.1］

> 菩薩によって、四種の如実知に基づいて、その八種の分別が正しく理解されたとき、現在においてその八種の分別を正しく理解しているので、未来にその分別の基体であり、拠り所であり、分別の展開に陥っている事物(vastu)が生じることはない。その事物が生じないので、それを拠り所としている分別も未来に生じることがない。このように、その事物を伴う分別が消滅すること、それがすなわちすべての展開(戯論)の消滅であると理解すべきである。また、この展開の消滅は菩薩にとっての大乗般涅槃であると理解すべきである。[8]

「四種の如実知」というものを身に付けた菩薩は、八種の分別を正しく理解しているので、未来において分別の拠り所としての事物が生じることがない。これは菩薩の境地なので、文字通りに理解してよいものかどうか、分からないが、事物を伴う分別が消滅することで、「展開(戯論)」が消滅する。これが大乗の「般涅槃」とされている。

「展開」とはサンスクリット語prapañcaの訳である。prapañcaは一般的には「戯論」と訳され、分別の同義語とされることもあるが、「真実義品」には

【8】高橋[2005: p.178, 10.2]

prapañca を動詞的に用いた「分別が展開する」という表現があり、単なる同義語とは考えられない。prapañca の基本的な意味には「展開」「顕現」「現象」などがあり、「真実義品」では、「分別が事物を展開する」、あるいは「事物を顕現させる」という意味で用いられているものと思われる。

一方、「般涅槃（はつねはん）」は parinirvāṇa の音写語で「完全なる寂滅」を意味し、煩悩が完全に消滅した境地を表す。

ここでは分別が汚れの原因であり、ひいては輪廻の根源的な原因でもあると考えられている。その分別のはたらきがなくなり、現象世界の展開が消滅することが、完全なる寂滅としての大乗の般涅槃とされている。したがって、分別は事物を生じるだけでなく、有情が生と死を繰り返しながら輪廻の中を流転する原因でもある。この事物を生じる分別が消滅するとき、菩薩は涅槃に到達する。

四尋思・四如実知

菩薩が般涅槃に至るためには、八種の分別を正しく理解する必要がある。四種の如実知というものがそのための手段であることが、前節の引用文で示されていた。この四種の如実知は『菩薩地』「真実義品」で考え出された観想法で、「四種の尋思」というものを前提としている。以下では、この四種の尋思と四種の如実知について詳しく見ていく。

まず、四種の尋思とは四種類の考察という意味であり、次の四つをさしている。（括弧内は玄奘の漢訳）

①名称に関わる考察（名尋思）
②事物に関わる考察（事尋思）
③本質の言語表象に関わる考察（自性仮立尋思）
④属性の言語表象に関わる考察（差別仮立尋思）

また四種の如実知は四種の尋思に基づいてありのままに理解することである。煩瑣になるが、それぞれを示すと、次のようになる。（括弧内は玄奘の漢訳）

①名称に関わる考察に基づく如実知（名尋思所引如実知）
②事物に関わる考察に基づく如実知（事尋思所引如実知）
③本質の言語表象に関わる考察に基づく如実知（自性仮立尋思所引如実知）

④属性の言語表象に関わる考察に基づく如実知（差別仮立尋思所引如実知）

名称に関わる考察（名尋思）とは、名称を「単なる名称（nāmamātra）である」と観察することであり、一方、事物に関わる考察は、事物を「単なる事物（vastumātra）である」と観察することである。以下も同様で、本質の言語表象に関わる考察、属性の言語表象に関わる考察とは、本質の言語表象、属性の言語表象に対して、それぞれ単なる言語表象であると観察することである。

一見すると単純なものの見方だが、「真実義品」は名称と事物、および本質と差別に関する言語表象が関連しあっていることを次のように述べている。

> 彼（菩薩）は名称と事物の区別され、かつ混合した様相を見て、名称と事物の混合に依存している、本質に関する言語表象と、差別に関する言語表象を洞察する。【9】

簡潔な表現でかえって分かり難いが、名称と事物は本質的には区別されるべきものでありながら、慣習的には両者は混合していて切り離すことができないとい

【9】高橋［2005: p.175, 9.2.3］

うこと、そして名称と事物が混合している状態にあるとき、本質と差別に関する言語表象が起こるということを述べているのであろう。

この四種類の考察（四尋思）に基づいて、四種の「ありのままの理解」がなされる（「ありのままの理解」という言い方は冗長なので、以下では「名尋思に基づく如実知」などとする）。

名尋思に基づく如実知と事尋思に基づく如実知

菩薩は、まず名尋思によって名称を「単なる名称である」と考察してから、その名称について次のように理解する。

かくかくという名称が、かくかくという意味を持つ事物に対して、名付けのため、理解のため、隠喩のためだけに定立される。もし「色」などの名称を持つ事物に対して「色」という名称が定立されないとしたならば、誰もその事物を「色」として名付け得ないであろう。名付けていない人は、増益（存在しないものを存在するかのように思い込むこと）によって執着しないであろう。執着していない人は言語表現し得ないであろう。[10]

【10】高橋［2005: p.176, 9.3.2.1］

このように理解することが、「名尋思に基づく如実知」である。これによれば、名付けなければ、増益がない、すなわち存在しないものを存在するかのように思い込み、執着することがないのであり、その結果、言語表現もなされない。これは裏を返せば、言語表現しているということは、存在しないものを存在するかのように思い込んで執着しているのであり、それは名付けという行為に由来するということになる。すでに考察してきたように、勝義として、言語表現は事物を指し示すことができない。名付けの行為は事物（vastu）に対してなされるのだが、事物は本来は言語表現し得ないものなのである。しかし、日常生活において、われわれは無自覚のうちに言語表現を行っている。そして、名付けの行為によって引き起こされる存在への思い込みや、その結果としての執着には目を向けない。こうした状態に対する反省が、名尋思に基づく如実知に込められている。

次の事尋思に基づく如実知は、すでに述べてきたことの繰り返しであり、菩薩が事物を「単なる事物である」と考察したのち、「色」などの名称を持つ事物が、言語表現し得ないものであると見ることである。

見えているものは幻影である――自性仮立尋思に基づく如実知――

三番目の「自性仮立尋思に基づく如実知」は、「極めて深遠なもの」を対象としていると言われている。このような言い方は他の如実知についてはなされていないので、「自性仮立尋思に基づく如実知」は特別な位置付けにあるように思われる。それは、次のように説明されている。

菩薩は、「色」などの名称を持つ事物における本質（自性）に関する言語表象に対して、単なる言語表象であるということを考察し、その自性に関する言語表象によって、「色」などの名称を本質としない事物が、それ「色」などの名称を本質とするものとして顕現していることをありのままに洞察し、理解する。[11]

『菩薩地』が説明しようとしている内容がそもそも難しい上に、言い回しが冗長なため、非常に理解し難い文章になっているが、要点をまとめると次のようになる。

【11】高橋［2005: p.176, 9.3.2.3］

①日常生活において「色」とよばれている事物の自性（この場合は「色」という固有の在り方）の言語表象を、単なる言語表象に過ぎないものであると理解する。

②本来は言語表現し得ないはずの事物が、その言語表象によって、あたかも「色」であるかのように見えているという状態を洞察する。

①は「本質の言語表象に関わる考察（自性仮立尋思）」であり、それに基づいて②の「如実知」がはたらく。『菩薩地』は「事物が言語表現し得ない」ということを繰り返し述べているが、言語表現し得ない事物がなぜ、名称を付与されることで、あたかもそのようなものとして存在するかのように見えているのか、その理由はこれまで説明されていなかった。自性仮立尋思に基づく如実知の説明の中にはそれが示唆されているように思われる。

『菩薩地』が主張するように、事物に対する名称の付与は恣意的であり、そのことから事物と名称の間の本質的な関係が否定されるので、事物は本質的に言語表現し得ないと言える。しかし、日常生活では、「色」という名称によって何らかの対象を指示し、それによってわれわれの間で意思疎通が成り立っている、という事実も否定できない。『菩薩地』が問題にしているのはこの日常的な次元で経験される現象と、大乗仏教の修行者である菩薩の視点で実在を観察したときの真実の在り方の関係であろう。

名称はあくまで名称であり、名称そのものが実在ではないことは、少し考えれば、われわれにもわかる。それにもかかわらず、名称を付与された事物が、名称によって言い表されているような形で存在していると無反省に捉えてしまう。その理由は、言語表象（仮立、prajñapti）がはたらくからである。

「色」という名称は、「色」以外のものを指し示さないという点で、ものの固有の本質を表示している。この「色」という固有の本質を言語表象化することによって、本来は言語表現し得ない事物が、「色」という名称そのものとして「顕現」する。「顕現」とはサンスクリット語のābhāsaという単語の訳で、基本的には「光」の意味だが、「姿を現すこと」「外見」なども意味し、そこからさらに「幻影」や「空想の産物」も含意する。「真実義品」は、こうした状態を、鏡像や反響、幻影、夢、幻のようなものと表現している。

菩薩は見えているものが実体のない幻影のようなものであると理解している。そのため、「色」などの名称と混合して顕現しているものが、事物の真の姿ではないことを知っている。しかし、日常生活において、菩薩ではない凡夫は言語表象によって現し出されている世界を現実として受け止め、疑うことがない。自性仮立尋思に基づく如実知は、われわれの認識に顕現しているもの、すなわちわれわれが現実として疑うことなく受け止めているものが、実は虚像であるということを突き付けている。その点で「極めて深淵なもの」を対象としている。

事物は本質的には言語表現し得ないものであり、言語と密接に関わる分別によって捉えることができない。それに対して言語表象は実際にわれわれが経験し、現実として疑わない対象である。つまり、われわれが置かれている世界そのものである。その虚構性を洞察することは、菩薩の智慧を備えていないわれわれには極めて困難なことであり、そうしたことから、深遠な対象ということになるのであろう。

二元性の克服―差別仮立尋思に基づく如実知―

最後の「差別仮立尋思に基づく如実知」は、言葉によって構築される二元性あるいは相対性を克服する知といえる。『菩薩地』「真実義品」は次のように述べている。

差別仮立尋思に基づく如実知とは何か。それに基づいて、菩薩は差別の言語表象に対して単なる言語表象に過ぎないものであるということを考察し、その「色」などの名称をもつ事物に対する差別の言語表象を、不二なるものとして見る[12]。

【12】高橋［2005：p.177, 9.3.2.4］

ここでの「差別（しゃべつ）」は偏見のことではなく、「相違」「区別」という意味である。菩薩は、相違に関する言語表象を、単なる言語表象であると考察したのち、「色」などの名称を持つ事物に対する相違に関する言語表象を「不二なるもの」として見る。相違に関する言語表象とは、例えば「有」と「無」である。これについては次のよう述べられている。

その事物は有でもなく、無でもない。言語表現し得る本質を伴っていて不完全なので、有ではなく、しかし言語表現し得ない本質によって定立されているので無でもない[13]。

【13】【12】に同じ。

難しい内容なので、「色」を例に考えてみる。菩薩は「色」という名称をもつ事物について、次のように見ている。

①「色」と呼ばれている事物は、言語表現し得る本質を伴っていて不完全なので、「有」ではない。

②しかし、言語表現し得ない本質によって定立されているので、「無」でもない。

日常的な言語表現が成り立っている状況では、ある事物は「色」と呼ばれており、その限りでは言語表現し得る固有の本質を伴っている。しかし、名称によって言語表現されている状態は、分別によって差異化された結果なので、その意味で不完全である。したがってそのようなものは「有」ではない。しかし、その事物は言語表現し得ない固有の本質をもって存続しているので、「無」でもない。

この説明の趣旨はこれまでと異なっているように思われる。これまでは「色」などの名称と事物の関係を論じていたが、ここでは「有」と「無」は単なる言語表現ではない。むしろ、有でも無でもないという事物の内実になっている。

これと同じように、「有色（有形のもの）」「無色（無形のもの）」という概念についても、単なる言語表現の適用の問題ではなく、勝義諦（言語を超越した真理）と世俗諦（言語が成り立つ範囲での真理）という二諦説との関係で説明されている。存在するものは、勝義諦の観点では形がないので「有色」でない（したがって無色である）が、世俗諦の観点からは形がないわけではないので「無色」ではない（したがって有色である）ということになる。

ところで、なぜ「相違に関する言語表象」の説明が、他に比べて難解な説明になっているのか、ということを考える必要がある。言語表象（prajñapti）は、われわれにとって見えている世界であり、われわれが「現実」と呼んでいるものである。しかし、すでに述べてきたようにこの言語表象は名称と事物が混然一体となった状態において成り立つ虚構である。その虚構の世界は我々の認識である分別によって顕現している。「現実」として見えている世界の虚構性を看破することは極めて難しい。そのために「真実義品」は世俗と勝義という観点から現象を観察し、また言語表現し得ない本質という「真実義品」の考える真理に照らして、「現実」の虚構性を暴こうとしている。

事物が、有と無、有色と無色のように相反する二つの状態のいずれとも言えないことが、「不二」である。これは単に言語表現が適用できないことを理由にして、存在・非存在などの言葉と事物が本質的に結びつかないと言っているのではない。むしろ、ある観点から見ると存在とは言えないが、別な観点からみると存在しているような状態である。存在するのではないが、しかし存在しないのでもないという不可解な状態が、「不二」である。「差別の表象」は、事物はある観点からは存在するとしか言いようがなく、また別な観点からは存在しないとしか、言いようのない状態である。

このように分別によって捉えられ、分別から離れては存在し得ない世界は、見えている世界、経験されている世界であり、私を含めて凡夫とよばれる普通の生活を送っている人はその経験的世界の中に生きている。一方、菩薩は、経験的世界の虚構性と、その背後にある事物の実在性を了悟し、衆生の眼を虚構の世界から真の実在の世界へ向けさせるために行動する。しかしながら、菩薩が衆生と関ろうとするとき、両者の関係は言語を介在してしか成り立たない。言語表現し得ない実在を理解させるために、言語に頼らざるを得ないという矛盾の中で、菩薩は衆生教導のための実践に努める。こうした状態にあって、分別によって起こり、煩悩と深く関わる虚構の世界、虚構ではあるが我々にとっては「現実」としてしか顕れようのない現象的世界を、いかに克服し、その中に生きる衆生をいかに真実に教導するかが、『菩薩地』の主題となっている。

言語表現し得ない実在を知る智慧と、衆生への慈悲

これまで、言語表現し得ない事物と分別の関係について見てきたが、『菩薩地』「真実義品」の思想は単に言語と実在の分析を目的としているわけではない。むしろ、言語表象によって形成されている世界の虚構性とその背後にある勝義的実在としての事物の存在を了悟することによって、菩薩が大乗仏教の修行者として活動するための素地を作ることを目的としている。それは次の文章に表れている。

涅槃をありのままに理解し、煩悩に心が汚されていない人が輪廻をめぐること、無常などの様相によって輪廻を恐れない人がすぐに涅槃しないこと、これが無上正等覚を得るための、菩薩の大方便である。そしてこの方便は、この最高の空性への信解に依っている。したがって、その最高の空性への信解の修習は菩薩の学道に含まれるのであり、如来の智を証得するための方便と言われる。

実に菩薩はこの深く入った法無我に関する知によって、すべての法が言語表現し得ない本質をもっていることをありのままに理解し、如何なる法をも如何様にも分別しない。彼は単なる事物、すなわち単なる真如を把捉する他ない。しかし、彼には「単なる事物である」という考えも、「これは単なる真如である」という考えも起こらない。一方、彼の菩薩は対象に対して、はたらきかける。最高の対象に対してはたらきかけている菩薩は、すべての法をこの真如とまったく等しいものとして、智慧（prajñā）によって、ありのままに見る。【14】

これも難解な表現に満ちている。心が煩悩に汚されていない人が、輪廻の生存にあえて身を投じ、涅槃することなく、衆生の教導に努める。涅槃せずに輪廻にとどまることが菩薩の大方便(だいほうべん)であり、それは最高の空性の信解(しんげ)に基づいている。そして、すべての存在（法）は言語表現し得ないことを理解し、分別しなくなる。分別しないということは、名付けによって対象を差異化しないということである。この境地に達した菩薩は、事物そのものを捉えている。この言語表現し得ない事物は「真如」と言い換えられる。菩薩は、すべての存在（法）がこの真如と等し

【14】 高橋［2005: pp.159-160, 4.6, 4.7］

いことを智慧（prajñā）によって了悟する。そして、「事物を捉えている」という想いも抱かず、あらゆるものを真如と等しいものとして見ている。「真実義品」は、これに続けて次のように述べる。

すべてに対して平等な見方を持ち、平等な心を持っているならば、最高の「平静（捨）」を獲得する。【15】

このように無戯論の方法に到達し、このように多くの利益を備えた菩薩は、自分の仏法を成熟させるために、また他の人々の三乗の教法を成熟させるために、正しく実践する者となる。

①そして、このように正しく実践する者となり、財産と自己の身体に対して渇愛のない者となる。衆生に対して財産と自己の身体を投げ捨てるために、渇愛のない状態をこそ学ぶ。（布施）

②他ならぬ衆生のために、律した者となり、身・語に関して正しく律した者となる。本性上、罪悪を憎む者であるために、本性上、善良な者であるために、律義をこそ学ぶ。（持戒）

③他者からの苦痛や悪行に対して忍耐強い者となる。怒りの少ない者となる

【15】高橋［2005: p.161, 4.8］

ために、他者に苦痛を与えない者となるために、忍耐強さをこそ学ぶ。（忍辱）

④そして、衆生たちの疑念を除くために、また恩恵を与えるために、また自分が一切智者となるための因を身に付けるために、すべての学処に専心し、習熟した者となる。（精進）

⑤そして、内面において心が安定した者、すなわち心が完全に集中した者となる。四梵住を浄化する者となるために、また五神通を操る者となるために、衆生に対してなされるべきことを実行する者となるために、またすべての技術に専心することから生じる苦痛を取り除く者となるために、心の安定を学ぶ。（禅定）

⑥聡明な者、すなわち最高の真実を知る者となる。最高の真実を知る者となるためにこそ、大乗を学ぶのであり、将来、自分が般涅槃するためではない。（智慧）【16】

すべての存在を真如と等しいと見ることで、菩薩は最高の「捨（しゃ）」を身に付ける。「捨」とは一般的には「無関心」と説明されるが、仏教の修行の文脈では、煩悩

【16】高橋［2005: pp.161-162, 4.10］

に対して心が動揺せずに耐えることを意味する。いわば心の平静を保つ状態が「捨」である。この境地に至ると菩薩の行動の内実が変化する。引用文中の「無戯論」とは、「真実義品」の説明によれば、分別が展開しないことなので、分別が起こらず、対象を差異化しない状態である。この状態にあって、菩薩は自分自身、仏法に熟達しようと励み、また衆生たちにも、それぞれの資質に応じて仏法に熟達させようと努める。衆生たちが仏法を受容する能力はそれぞれ異なっているので、それを見極めて、声聞乗、独覚乗、菩薩乗という異なった方法（三乗）に教導する。

そのあとに続く話は六波羅蜜の修行について語っている。仏法成熟のために正しく実践する菩薩は、自分の財産や自分の身体にさえも渇愛を持たず、衆生のためにそれらを投げ出す。財産や身体を衆生に投げ出す行為は、「布施」である。「身・語に関して律した者」は「持戒」を身に付けることを意味し、他者から与えられた苦痛に耐えるのは「忍辱」であり、すべての学処に習熟するのは「精進」、心が安定し、集中するのは「禅定」、最高の真実を知る者となるということは「智慧」を身に付けるということである。このようにこの一連の文章では、六波羅蜜に関わる術語を使っていないが、明らかにその内容は布施、持戒、忍辱、精進、禅定、智慧からなっている。

このように、事物が言語表現し得ないことを理解する智慧により、ものごとをありのままにみることができるようになったとき、菩薩は自他を平等にみることが可能になり、大乗の実践である六波羅蜜に取り組むようになる。これを見落としては、『菩薩地』「真実義品」の思想の意義は理解できない。

無我の体得と菩薩の実践

これまでみてきたように、『菩薩地』「真実義品」の思想は事物（vastu）の存在を前提に構築されている。この事物は本質的には言語表現し得ないものだが、分別（vikalpa）がはたらくことで、われわれが経験する多様な世界が作り出され、自他の区別が生じ、煩悩が起こる。したがって、迷いの世界の原因は分別ということになる。「真実義品」は、事物は事物として、名称は名称としてみること、またその両者が混然一体となったものにおいて起こる言語表象（prajñapti）を言語表象に過ぎないもの（prajñaptimātra）とみるべきことを説いている。そのようにみるとき、事物のありのままの姿を直観することができる。それを実現しようとしているのが大乗の菩薩という存在である。

菩薩が事物をありのままにみるとき、生と死の繰り返しである輪廻に恐れを抱かず、その輪廻からの解放である涅槃も求めなくなる。そして、菩薩は衆生教導のためにあえて輪廻にとどまりながら、あらゆるものを言語表現し得ないものとみる。そうすることで、六波羅蜜の実践が可能になる。

事物が言語表現し得ない実在であると見るのは、認識や言語、存在に関わる哲学的な思索である。それに対して、無償の施しを行い、言動を慎み、誹謗中傷に耐え、努力し、瞑想により心を鎮め、真実を洞察する智慧を身に付けることは、すべて他者に向けられた行為であり、倫理的な視座である。「真実義品」は、仏教思想の哲学的な洞察が、大乗の菩薩の倫理的な実践である六波羅蜜の前提となっていることを教えている。

第二章　『瑜伽師地論』「摂決択分」（一）―五事説―

五事説の背景

本章では、五事説という学説を取り上げる。五事説は唯識思想の教説の一つだが、アーラヤ識や三性と比べて主要な学説とはならなかった。しかし、『菩薩地』「真実義品」の思想と、その後の唯識思想の関係を考える上では重要な手掛かりを与えている。五事説に関する最も詳しい記述は『瑜伽師地論』の「摂決択分」という部分に伝えられている。

前章で取り上げた『菩薩地』は『瑜伽師地論』（以下、『瑜伽論』）の「本地分」に収められている。「本地分」は『瑜伽論』の前半部分であり、本編に相当する。この「本地分」の直後には「摂決択分」という部分が続いている。この「摂決択分」は「本地分」に対する解説と位置付けられているが、単なる逐語的な語釈ではなく、「本地分」の内容に新たな解釈を施し、独自の論を展開することもある。

この章で取り上げる「摂決択分中菩薩地」の五事説は、その典型的な例で、前章の『菩薩地』「真実義品」の教説を整理し、発展させた内容となっている。ちなみに「摂決択分中菩薩地」という呼び方は玄奘の漢訳にあるもので、「摂決択分の菩薩地」という意味である。

『菩薩地』「真実義品」の思想は、事物（vastu）の存在を前提として構築されている。事物は勝義として言語表現し得ないが、一方で、分別がはたらきかけることによって言語表現の基体となり、その結果、現象的な世界が作り出され、また輪廻の生存が引き起こされる。これは、事物には相反する二つの側面があることを意味している。すなわち、勝義として言語表現し得ない実在としての側面と、言語表現の対象となっている側面である。「摂決択分中菩薩地」は、この一見すると相矛盾した性質を持つ事物を、「五事説」と呼ばれる教理体系によって分析している。

「五事」とは、相（nimitta）、名（nāman）、分別（vikalpa）、真如（tathatā）、正智（samyagjñāna）という五つの概念のことである。「摂決択分」（以下では特に断らない限り、「摂決択分中菩薩地」を単に「摂決択分」とよぶ）は、「真実義を理解しようと望む者は、要略すると五事を理解すべきである」と述べている[1]。この「真

【1】高橋［2005: p.181, l.10］

実義」とは、『菩薩地』「真実義品」の思想をさしている。つまり、「真実義品」の「言語表現し得ない事物」を分析する教理体系が五事説である。

後に詳しく述べるが、「摂決択分」は事物の言語表現し得ない側面を「真如」、言語表現の基体としての側面を「相」とよぶ。また真如を把捉する知性を「正智」、相を対象とする認識を「分別」とし、さらに相に付与される名称を「名」とする。このように「摂決択分」は五つの概念によって、事物とそれを捉える認識などの関係を整理している。また、「摂決択分」では仏教の教理体系を構成する要素である「法」が五事に関連付けられている。「摂決択分」は「五事によって、すべての法が包摂される」と述べており、[2]したがって五事説とは仏教の教理体系を包括する学説でもある。しかし、三性説に比べて研究者の関心を集めていたとは言い難く、これまでの唯識思想研究では取り上げられることが少なかった。

【2】高橋［2005: p.194, l.11.7］

五事の定義

ところで、「五事」という場合の「事」の原語はvastuであり、言葉としては『菩薩地』「真実義品」の事物（vastu）と同じだが、両者は必ずしも一致する概念ではない。それは五事それぞれの定義にあらわれている。

①「相」とは何かと言うならば、要略すると言語表現するための語の基体、拠り所となった**事物**（**vastu**）である。
②「名」とは何かと言うならば、まさしくこの相に対する名称である。
③「分別」とは何かと言うならば、三界を活動領域とする心（しん）・心所（しんじょ）としての諸法である。
④「真如」とは何かと言うならば、法無我として現れた、聖者の智慧の活動領域であり、すべての言語表現するための語の基体とならない**事物**（**vastu**）である。
⑤「正智」とは何かと言うならば、それは要略すると二種と考察されるべきである。完全に出世間的な正智と、世間的かつ出世間的な正智である。

この定義にみられるように、五事のうち相と真如だけが事物（vastu）という概念によって定義されている。すなわち、相は言語表現の基体としての事物であり、真如は言語表現の基体とならない事物である。それ以外はいわゆる「事物」という概念に当てはまるものではない。一般的に「五事」という場合の「事

(vastu)」は「カテゴリー」を意味し、『菩薩地』「真実義品」の言語表現し得ない事物（vastu）や、相と真如の定義にみられる事（vastu）とは区別されている。

さて、「相」はサンスクリット語ではnimittaという。nimittaは「符号」や「兆し」を意味し、そこから派生して「目に見える特徴」や「姿」という意味でも用いられる。そのため漢文では、様相、容貌を意味する「相」と訳されたのであろう。一方、「真如」の原語はtathatāである。これは仏教において「真理」を意味する語として広く使われている。真如は、法性や辺際など、真理を表す言葉の同義語なので、必ずしも「言語表現し得ない事物」をさす語ではないが、五事説においては基本的にこの意味に限定して用いられている。

このように、定義文を見る限り、相と真如はいずれも事物ということになるが、相が言語表現と関係しているのに対して、真如は言語表現し得ないという違いがある。これは『菩薩地』「真実義品」の事物の二つの側面を思い起こさせる。「真実義品」では事物は言語表現の基体でありながら、勝義としては言語表現し得ない本質をもつものと考えられていた。この事物のもつ二面性が五事説では相と真如として分析されていると考えられる。

その他の三つの項目のうち、分別は「三界を活動領域とする心・心所としての諸法」と説明される。三界は仏教的な世界観を反映した三つの領域で、最下層から欲界、色界、無色界の順で階層をなしている。われわれが生きている場は欲界に属している。また、「心・心所」とは、仏教における精神構造の分析法の一つで、「心（しん）」は精神の本体であり、識（五蘊の中の識蘊）の同義語とされ、一方「心所（しんじょ）」は、心から派生する様々な心理作用や精神活動をさしている。

名は相に対して適用される名称である。相は言語表現の基体であるから、名と相の定義は相互に補完し合っている。

正智は、文字通り正しい知であり、「完全に出世間的な正智」と「世間的かつ出世間的な正智」の二種に区分される。これについては次節で詳しく述べる。

二種の正智

二種の正智について、「摂決択分」は先の定義に続けて次のように説明している。

①「完全に出世間的な正智」によって、声聞、独覚、菩薩が真如に通達（つうだつ）する。また、それによって菩薩達が五明処に対して加行（けぎょう）（実践）するとき、真如

の智はすべてに行き渡っているので、そこに多くとどまり、認識対象に対する障害からの浄化（所知障浄）に正しく到達する。

②「世間的かつ出世間的な正智」によって、声聞と独覚達が第一の完全に出世間的な正智によって真如に通達してから、第一の出世間的な智の後に得られる世間的かつ出世間的な智により、言葉で設定された諸真理（四聖諦など）において、三界の無常や苦に対して心を怖れさせ、三界が鎮まることを味わい、そこに多くとどまることによって、極めてすばやく煩悩という障害からの浄化（煩悩障浄）に正しく到達する。また、それは未だかつて得られていないという意味では出世間的であり、言語活動の対象である相（nimitta）に依っているという意味では世間的である。したがって、世間的であり出世間的であると言われる。【3】

正智を二つに分ける上で「世間」と「出世間」という概念が関わっている。一般的には「世間」は現象的な世界である三界をさし、「出世間」はこの三界を離れた状態を意味するが、五事説の文脈では、「世間」は言語活動の対象である相（nimitta）と関係している。それに対して、真如を対象とする状態を「出世間」

【3】高橋［2005：p.182, 1.2.5.2-3］

と表現している。つまり、基本的には、相に関わっている智は世間的であり、真如を対象とする智は出世間的ということになる。しかし正智は単純に「世間」と「出世間」の二つに区分されるわけではなく、「完全に出世間的な正智」と「世間的かつ出世間的な正智」に分けられている。つまり、「出世間」が正智を規定する重要な要因になっている。

完全に出世間的な正智

まず、完全に出世間的な正智は真如への「通達（つうだつ）」の手段となっている。「通達」とは真如を体現することを意味する。しかし、それにとどまらず、五明処（ごみょうしょ）（五つの学ぶべき項目：内明処、声明処、因明処、医方明処、工巧明処）を学ぶ際にも必要とされる。「真如の智がすべてに行き渡っている」という意味がよく分からないが、「真如を対象とする正智はすべてを平等にみる」ということではないかと考えられる。そして、この智によって「認識対象に対する障害からの浄化」に至る、という。

世間的かつ出世間的な正智

一方、世間的かつ出世間的な正智は、言葉で設定された真理、すなわち苦集滅道の四聖諦などのように言葉で説明された真理を対象としている。この智によって、声聞や独覚は三界の無常や苦を畏怖し、それが鎮まった境地を享受し、その状態に留まり続ける。その結果、声聞や独覚は「煩悩という障害からの浄化」にすばやく到達する。このように、三界を畏れ、それを鎮めることは、自分だけの心の安寧を求めるものであり、他者の救済である利他行を標榜する大乗仏教の菩薩が目指す境地ではない。

五事の相関関係

これら五事の各項目は相互に関係しあっている。「摂決択分」は「五事の特徴」について次のように述べている。

①相＝分別の活動領域
②名＝日常的言語活動の場
③分別＝相を活動領域としている
④真如＝正智の活動領域

⑤正智＝真如を活動領域としている【4】

つまり、相は分別の活動領域であり、これに対して分別は相を活動領域としている。一方、真如は正智の活動領域であり、正智は真如を活動領域としている。このように相と分別、真如と正智は、互いに対応するように説明されている。これに対して名は、日常的言語活動の場とされ、他の要素と関連付けられていないが、先に見た定義文では、名は相に対する名称であるとされていた。したがって、定義の内容も踏まえると、「相」を対象とする様々な心のはたらきが「分別」、「相」に対して付与される名称が「名」、「真如」を洞察する智慧が「正智」ということになる。

相と真如は異ならない

すでにみたように、相は言語表現の基体となる事物であるのに対して、真如は言語表現し得ない事物であり、言語表現とのかかわり方で区別されているが、いずれも事物（vastu）であることに変わりはない。すると相と真如は同じ事物の二つの側面として理解できるように思われる。しかし、「摂決択分」は相と真如

【4】高橋［2005: p.190, l.8.1-5］

の関係について、単純に同じ事物の表と裏のように考えているわけではない。「摂決択分」によれば、相と真如は異なるのでもなく、異ならないのでもない。すなわち不一不異の関係にある。このような関係にある相と真如は、異なるとしても、異ならないとしても、不都合が生じる。

仮に相と真如が異なるとしたら、①相の勝義は真如とならない、②ヨーガ行者は相に依らずに真如を考察することになる、③真如を正等覚（しょうとうがく）（「正しく悟る」の意）した場合も、相を正等覚したことにならない、という誤謬に陥ると、「摂決択分」はいう[5]。

まず、①については、相の勝義は真如であるという考えが背景にあることがうかがえる。しかし、②と③については、ヨーガ行者の修行の過程で起こる経験や、正等覚という境地における相（nimitta）の知覚が問題にされており、その内容の真偽を日常的な次元で判断することが難しい。しかし、実体験や現実の現象から考察することはできないものの、「摂決択分」のほかの個所の記述に照らして、ここで語られている内容の思想的な整合性を検証することはできるだろう。

【5】高橋［2005: p.188, 1.7.3.2］

真如を把捉することはできるのか

「摂決択分」には、ヨーガ行者が真如を体得する手順について語る個所がある。「摂決択分」は「真如を作意することによって、ほかならぬ真如を観るのか、それとも真如を観ることが、ほかならぬ真如を作意することなのか」と問題提起し、以下の四通りに場合分けをする。

①真如を作意することが、真如を観ることにならないこともある。すなわち、分別に包摂される作意によって真如を作意する場合、通達しない限り、真如の相のみを観ることになり、真如そのものを観ることにならない。また通達したとしても、その通達の後に、言葉によって設定された真如を作意するのである。

②真如を観るようになったとき、真如を作意しないこともある。すなわち、真如に通達するとき、勝義として、相がないことを作意する（=相を作意しない）。

③真如を観ながら、同じ真如を作意することもある。通達後、言葉によって設定されたのではない真如を継続的に作意するのである。

④真如を観ず、真如を作意しないこともある。すなわち、道理に適合しない作意によって、相を作意する。【6】

ここでは「作意」と「観」という、ヨーガ行者の修行に関する特異な術語が用いられている。「作意」は「思惟（しゆい）」ともいい、思索を意味する。「観」は「見る」という意味だが、作意とは異なり、直観を意味している。さらに注意すべき術語は「通達」である。これは瑜伽行唯識派の修行階梯との関係を示している。

瑜伽行唯識派の修行階梯として「五位」というものがある。五位は、五つの修行段階のことで、資量（しりょう）位、加行（けぎょう）位、通達（つうだつ）位、修習（しゅじゅう）位、究竟（くきょう）位よりなる。通達位は第三段階におかれ、見道（けんどう）ともよばれる。一般的には真理を理解する境地とされる。したがって、「通達」は真如の理解を意味していると考えられる。

ところで、この一節は真如を「作意すること」と「観ること」の関係を整理しているようにみえるが、注意深く読むと、「作意や観の対象は真如そのものなのか、それとも真如という概念なのか」ということを問題としていることがわかる。真如を考察しようとする場合、実は「真如」という言葉で表現される概念を考察している。五事説の考え方では、「真如」という名称によって指示されるものは、

【6】高橋［2005: p.194, 1.11.5］

名称の対象であるから相（nimitta）である。真如について考えるために、「真如とは、言語表現の基体とならない事物である」という定義文の内容を理解したとしても、ただ文章の意味を理解したに過ぎない。どれだけ緻密に定義し、言葉を尽くして説明したとしても、概念的な理解から抜け出ることはない。一方で、真如は「言語表現の基体とならない事物」なので、言葉を介して「真如」を理解しようとしても、真如そのものを把捉することはできない。このような「言葉による理解」の限界を超越する体験が「通達」といわれている。

ここに抜粋した真如の作意と観に関する一連の記述①②③は、「作意すること」と「観ること」という行為が、「通達」という境地への到達を経て、質的に変化していく様子を描写している。①は、まだ真如に通達せず、真如を体現する以前の段階にある。このとき、修行者の心のはたらきである作意は「分別」を伴っている。すでにみたように、分別は相（nimitta）を対象としているので、この段階では「真如の相」を対象としているのであり、真如そのものを直観することはない。また通達した後でも、真如を言葉によって定立して捉えているときは、「概念としての真如」を思索しており、真如そのものを直観しているわけではない。

これに対して②は、真如に「通達するとき」、すなわち真如を体現する瞬間について述べている。このとき、体現される真如は言語を超えた勝義の真如であり、したがって相としての「真如」を思索していない。この通達の境地では、修行者は真如を直観しているが、作意してはいない。

さらに③は、通達した後に言葉で真如を定立しない状態について述べたもので、通達した瞬間のように言語を介さずに真如そのものを直観しながら、しかし同時に「作意」している。この場合の作意がどのような状態にあるのか、「摂決択分」では明確に説かれていないが、少なくとも「概念としての真如」を対象としていないので、①とは異なり、分別を伴っていない精神状態と考えられる。

最後の④は、そもそも誤った作意によって「真如」という相を見るので、真如の直観に至ることはない。

このように①から③は修行の段階を追って真如の観察が深化していく様子が描かれている。修行者は始めに分別を伴う作意によって真如の相（nimitta）を思索し、その後、真如を体現する境地（通達位）を経て、真如そのものを直観し、分別を伴わない作意によって真如を思索するようになる。

以上はヨーガ行者の修行の過程で起こる内的な変化を説明したものなので、理解し難い部分もあるが、少なくとも相と真如の関係については、ヨーガ行者の視点で理解する必要があることはわかる。

前節で問題となった「相と真如が異なるとすると、ヨーガ行者は相に依らずに真如を考察することになる」という誤謬は、真如の相を作意することから始めて、真如の観に至るという修行の過程を前提としているのであろう。つまり、「相と真如は異ならない」と「摂決択分」がいった背景には、このような修行者による真如の直観の体験があり、無条件に相と真如が同一であると考えているわけではない。つまり、修道論の文脈で理解されるべきもので、修行者が分別を克服した先に顕れるものが問題になっている。

相と真如は異なる

しかし、「摂決択分」は「相と真如が異ならない」とする一方で、「相と真如は異ならないと言うべきではない」とも言っている。二重否定で分かり難いが、ひと言でいえば、「相と真如は異なる」ということになる。「摂決択分」によれば、もし仮にこれを認めず、「異ならない」と言うならば、①真如に区別がないように、相にも区別がないことになる、②相を知覚した場合に、真如も知覚することになる、③真如を知覚しても、相を知覚した場合と同じように清浄とならないことになる、という三つの誤謬に陥るという[7]。

この三つは誤った帰結であり、これらを否定する内容が「摂決択分」の立場である。すなわち「摂決択分」は、①真如には区別がないが、相には区別がある、②相を知覚しても、真如を知覚したことにはならない、③真如を知覚することによって清浄になるが、相を知覚しても清浄とはならない、と考えている。これらの言明の真偽を判断するためには、前節と同様に、相と真如に関する「摂決択分」の見解をより詳しく知る必要がある。

相の行相は多様である

まず①に関しては、「摂決択分」では「行相（ākāra）」という主題を論じる中で、相（nimitta）の行相が多様であるのに対して、真如の行相には区別がないと述べている。「行相」とは顕れている姿かたちである。「摂決択分」は、相の行相は多様であるとして、「色相、心相、心所相、心不相応相、無為相、有為相、蘊相、処相、界相、縁起相、…地相、水相、火相、風相、虚空相」などを列挙している[8]。仏教の専門用語が羅列されているが、それぞれの内容を理解する必要はない。こうした様々な用語で指示されている対象が、すべて相（nimitta）、すなわ

【7】高橋［2005: p.188, 1.7.3.3］

【8】高橋［2005: pp.190-191, 1.9.1.1.1］

ち言語表現の基体となっている事物（vastu）であるということを示しているに過ぎない。「摂決択分」によれば、相の多様な行相は、分別の行相が多様であることに由来するのだが、さらに言えば、分別自体も「相と名の影響で、多様で計り知れない行相を持っている」と、「摂決択分」は述べている。[9] つまり、分別と、相・名が互いに影響しあって、多様な行相をもった世界が形成されている。このように相（nimitta）は、分別がはたらくことで多様に差異化された行相をもって顕れている。

一方、真如の行相（ākāra）については、「言語表現し得ない行相である」とのみ説明されている。[10] 相が分別と関わることで多様な姿を顕しているのに対して、真如は言語表現による差異化を離れているので、区別がない。この点で「相と真如は異なる」ということになる。

結論だけをみると、先に考察した「相と真如は異ならない」という見解とは正反対の言明となっている。しかし、「摂決択分」は無条件に「相と真如は異ならない」と考えていたわけではなく、修道論の立場から、ヨーガ行者による真如の直観という体験に基づいて、「相と真如は異なるとは言えない」と言っていたのであり、言語表現による差異化とは観点が異なる。

【9】高橋 [2005: p.192, 1.9.1.3]

【10】高橋 [2005: p.192, 1.9.1.4]

相の知覚は真如の知覚ではない

このような修道論の観点は、次に考察する②と③の内容にも当てはめるべきである。

まず②「相と真如が異ならないとしたら、相を知覚した場合に、真如も知覚することになる」というのは、一般的な意味で相と真如を異ならないとするなら、凡人が見ている相（nimitta）は、そのまま真如であることになる。しかし、修行をしない状態で相を見ても、「色の相」「心の相」というように、名称と分別によって多様に差異化された様相を無反省に見ているだけであり、言語表現し得ない事物（vastu）としての真如を直観することにはならない。

真如の直観と浄化

さらに③について、「摂決択分」は、相と真如に区別がなければ、修行者が真如を知覚した場合でも、相を知覚する場合と同じように清浄とならないことになる、と指摘している。この一文は、真如の直観は「清らかになること」すなわち浄化と関係していることを示唆している。真如の直観と浄化はやはり修道論の文脈で理解すべきものであり、これを無視して相と真如が無条件に同一であるとみなせば、真如を直観しても、相を見ている場合と同様に、浄化作用は起こらないことになる。ヨーガ行者の修行の過程で真如の直観があり、それによって浄化があるとすると、相と真如は同じものとは言えない。その意味で、「相と真如は異ならないとも言うべきではない（相と真如は異なる）」のである。

世俗有（世俗的存在）と勝義有（勝義的存在）

これまでみてきたように、「摂決択分」は相と真如が異なるのか、否かということについて、事物（vastu）の二つの側面を表す概念である相と真如の単純な関係として考えているわけではなく、ヨーガ行者の内的な経験の深化に基づいて考察している。前節の③の内容からわかるように、ヨーガ行者は真如を知覚したとき、「清浄」、すなわち浄化を体験する。浄化は穢れと対をなす。浄化と穢れの関係について、「摂決択分」は「世俗有と勝義有」という観点で論じている。「世俗有」とは世俗的な存在、「勝義有」は勝義的な存在を意味する。「摂決択分」は相、名、分別を世俗有とし、それらを穢れの原因とする。これに対して真如は勝義有であり、浄化と関わっている。正智はすでに述べたように二種あるため、世俗有と勝義有の二つの存在様態を有する。「摂決択分」の記述を元に要点を示すと次のようになる【11】。

相　＝　世俗有　①穢れを起こすので／②言語表象の基体なので

名　＝　世俗有　①穢れを起こすので／②言語表象の基体なので／③日常的言語活動の拠り所なので

分別＝世俗有　①穢れを起こすので／②言語表象の基体なので／③日常的言語活動が潜伏（随眠）し、日常的言語活動に覚醒（随覚）するので

真如＝勝義有　清浄所縁（viśuddhyālambana）を本質としているので

正智（出世間的）＝勝義有

正智（世間的出世間的）＝世俗有・勝義有

ここでは相、名、分別の三つの要素は、いずれも穢れの原因であるために世俗有とされている。さらにこれら三つが世俗有であることの二つ目の理由として、言語表象（prajñapti）の基体となっていることがあげられている。

【11】高橋［2005: pp.186-187, 1.5.1-5］

相、名、分別はこうした言語表象（prajñapti）を形成する基体であり、言語慣習（saṃketa）が成り立つための要因である。言語によって成り立っている世界は、言語を介して他者と意思疎通することにより構成されている。別な言い方をすれば、観念を共有し、「それはそれである」「それはそのようなものとしてある」という了解の元に成り立つ世界である。このような世界を構成する基体が、世俗有と言われている。この基本的な理由に加えて、名は日常的言語活動（vyavahāra）の拠り所であることからも世俗有とされる。

さらに分別の場合は、その分別の中に日常的言語活動が潜伏し、また日常的言語活動によって分別が顕在化するので、世俗有とされている。分別に日常的言語活動が潜伏しているというのは、専門的な用語では「随眠（ずいめん）」という。名は日常的言語活動の拠り所だが、その原因とはされていない。日常的言語活動は相や名が原因となって起こるのではなく、分別に内在しているのであり、その状態を随眠と呼んでいる。一方、この分別によって、日常的言語活動に覚醒する。これを専門用語では「随覚（ずいかく）」という。基本的な意味は「知ること」「理解すること」だが、ここでは随眠と対をなして、発話行為などを通じて理解している内容が顕在化することを意味していると考えられる。

このように相、名、分別は穢れの原因であり、言語の使用と密接にかかわっている。

これに対して真如は清浄所縁であることを本質としているので勝義有とされる。「摂決択分」には清浄所縁についての詳しい説明がないが、一般的には「それを理解することによって浄化が起こる拠り所」と解釈される（一四三頁を参照）。

最後の正智は二種あり、それぞれ性格が異なる。完全に出世間的な正智は真如へ通達するための智であり、それは言語表現を超えた状態を体現するものであるから、勝義有である。これに対して出世間的かつ世間的な正智は、真如に通達した後に、言語によって設定された真理を理解する智なので、言語が介在しているため、世俗有でもあり、勝義有でもある。

「摂決択分」の考え方は、基本的には言語が介在するか否か、すなわち概念的か否かが、世俗有と勝義有を分ける基準になっているが、それに加えて、世俗的な存在を穢れの原因とし、勝義的な存在を浄化と位置付けている点に特徴がある。

相と分別の相互因果

ところで、世俗的有とされる相、名、分別のうち、分別が特に重要で複雑な役割を担っている。言語使用に関して言えば、相と名は基体とされ、対象とされているのに対して、分別は日常的言語活動が潜伏し、顕在化する場であり、能動的な性格をもっている。穢れについても同様のことが言える。分別が穢れの原因であるとする考え方について、「摂決択分」は別の個所では次のように述べている。

「本地分」で「過去の八種の分別から、現在の三種の事物（vastu）が生じる」とこのように説かれており、すでに生じたこれら三種の事物も諸々の分別を生ぜしめるので、（再び事物が）生じるのである。このように結びつくことによって、穢れは断絶されなくなる……[12]。

前章でみたように、「本地分」の『菩薩地』では、八種類の分別（自性分別・差別分別・総執分別・我分別・我所分別・愛分別・非愛分別・彼倶相違分別）から三種類の事物（色などの名称を持つ事物・有身見と我慢・貪瞋癡の三毒）が生じるとされていた。『菩薩地』によれば、過去の分別は現在の事物を生じ、現在の事物は現在の分別を生じるのであり、現在の分別について正しく理解しなければ、未来にさらに事物を生じる。「摂決択分」はこれに言及し、過去の分別は現在の事物を

【12】高橋［2005: p.199, 1.12.9］

生じ、現在の事物はさらに分別を生じるという連鎖を「穢れ」と捉えている。単に分別が穢れているという意味ではなく、分別から世界が生じるという現象が穢れなのである。したがって、なぜ分別から世界が生じるのか、いかにしてこの連鎖を断ち切るのかが修道論の課題となる。

繰り返し述べているように、相（nimitta）とは言語表現の基体となった事物（vastu）である。したがって、分別から事物が生じ、事物がさらに分別を生じるという関係は、五事説では分別と相の相互因果関係として理解されるようになる。「摂決択分」の記述を元に要点を示す。【13】

①相（nimitta）は、相から生じるものと、先行する分別から生じるものがある。
②名は、人の欲求から生じる。
③分別は、分別から生じるものと、相から生じるものがある。
④真如は、何からも生じることがない。
⑤正智は、正智と最高の法の聴聞と如理作意から生じる。

相と分別の関係に着目すると、相は先行する分別から生じ、分別は相から生じ

【13】高橋［2005: pp.187-188, 1.6.1-5］

る、といえる。相の場合にだけ、「先行する分別」とあえて言っているのは、『菩薩地』が分別と事物の継続的な生起を説明する際に、まず過去の分別から説き始めていたことと関係があるのだろう。相の生起に先立って、分別がはたらいているのであり、その結果として生じた相から、さらに分別が生じる。

ちなみに真如は生じることがない。このような在り方をするものを仏教では無為法と呼ぶ。また、正智は最高の法の聴聞と如理作意から生じるとされるが、これは専門的な言い方をすれば、聞所成慧（教法の聴聞によって生じる智慧）と思所成慧（道理を考察することによって生じる智慧）に相当するのであろう。

なお、相から生じる相、分別から生じる分別、正智から生じる正智は、等流果と呼ばれるもので、原因と結果が同じものになっている。

相と分別の相互因果関係については、穢れという考え方と関連付けられているわけではないが、先に分別がはたらいているとしている点は重要である。分別が相に先行しているとすれば、穢れの根本的な原因は分別ということになる。五事説では、分別は日常的言語活動が潜伏し、またそれが顕在化する場であった。そのため相や名と比べて分別はより緊密に日常的言語活動に関わっている。日常的言語活動によって構築される世俗有が穢れているとすれば、分別を穢れの根本的な原因に位置付けていることもうなずける。

二種の相―本性相と影像相―

「摂決択分」によれば、分別と相は相互に原因となりながら、絶えることなく生じ続ける。相（nimitta）とは、本来の定義にしたがえば言語表現の基体となった事物だが、このような相について、「摂決択分」はさらに本性相と影像相の二つがあるとし、それぞれの特徴を次のようにまとめている。[14]

①本性相　❶先行する分別によって生じた相
　　　　　❷相によって生じ、周知のものとして成立した相
②影像相　❶遍計所執のもの（parikalpita）は、勝解によって現れたものなのだが、本性として存在するものではない

影像相は勝解（瞑想中に対象をイメージすること）によって顕現したもので、実在するものではなく、イメージとして見えているものである。これに対して本性相は、そのイメージの実体と考えられる。このような本性相には、先行する分別

【14】高橋［2005: p.191, 19.1.1.4］

によって生じた相と、相によって生じた相がある。先行する分別によって生じた相は前節でみた内容と対応している。一方、相によって生じた相は、さらに「周知のものとして成立した相」と言われている。これは世間一般で認知されているという意味で、玄奘はこれを「共所成（ぐうしょじょう）（人々の間で共通して成立した）」と訳している。言い換えれば、だれか一人だけに見えているものではなく、世間一般の人々みんなに見えているものである。つまり本性相とは、われわれが日常的に認識している対象そのものの姿である。「相によって生じる相」については詳しい説明がないが、世間の人々に見えているものだとすれば、種から芽が生じるというように、一般的に経験される因果関係にあるものを意味しているのであろう。

　これに対して影像相は想定された姿かたちであり、勝解によって現し出されたものである。勝解とは、瞑想の中で対象の姿を思い描き、心の中にその形を表し出すことである。つまり影像相は瞑想体験の中で修行者によって作り出された心中の像だが、「本性として存在するものではない」と言われている。すなわち本性相とは異質なものである。

　瞑想によって創出される像としての相は、いかにも心によって作り出されたもののように思われるが、分別によって生じる相は本性相の方であり、影像相ではない。影像相も心のはたらきによって作り出されることにかわりはないが、分別によるのではなく、勝解という特別な瞑想中の心のはたらきによっている。

影像相は個人の体験であり、本性相のように世間一般に認知される姿かたちではない。また影像相は勝解という観想法によって心の中に現れるのであり、瞑想修行者でなければ経験しようがない。これに対して、本性相は世間の人々に認知された姿かたちであり、瞑想という文脈から離れている。

このように「摂決択分」では、一般的に人々によって経験されている対象としての本性相は、分別という心のはたらきから生じていると考えられている。しかも分別は本性相に先行して存在しているのであり、その逆ではない。言語表現の基体としての事物である相は、分別が原因となって存在しているものなのである。

共通する分別と共通しない分別

分別から生じる相（nimitta）は、瞑想によって生じる影像ではなく、世間の人々がともに見ている対象の姿かたちであり、本性相とよばれていた。本性相は世間の人々が「それはそれである」「それはそういうものである」と共通して認知しているものである。つまり、すべての人に共通して経験されている対象であり、簡単に言えば、われわれが「存在しているもの」として疑わない、眼前の世界である。「摂決択分」が明らかにしようとしているのは、こうした経験の世界の原因になっているのは分別という心のはたらきであるということである。

　このような「摂決択分」の考え方の背景には修道論の影響が大きい。先にみたように修道論の立場では、真如を作意（さい）するとき、初めは概念としての真如である「真如の相」を作意し、次第に真如そのものの直観へ向かって行く。真如の相を作意している段階では、結局は相を対象としているので、作意は分別を伴っている。修行者が真如に「通達」する段階に達したとき、真如の相ではなく、真如そのものを見ているので、もはや分別ははたらかない。

　しかし、分別がはたらかなくなるなら、分別を原因としている本性相は生じなくなるはずである。本性相は世間の人々に共通して認知されている対象だが、修行者が真如に通達したとき、世間の人々と共有されている本性相も消えてなくなってしまうのであろうか。言い換えると、一人の修行者の内的体験である真如への通達は、修行をしていない世間一般の人々が経験している世界も消失させてしまうのであろうか。「摂決択分」はこの問題について、次のように答えている。

事物は共通でない分別という原因から生じるものと、共通の分別という原因から生じるものがあるので、共通でない分別という原因から生じたものが分別されない場合、それは滅することになるが、共通する分別という原因から生じたものが分別されない場合、それは他者の分別によって把捉されるので、滅しない。さもないと、他者の分別は無意味になるであろう。それ（他者の分別によって把捉される事物）が滅しないとしても、清浄を本質とする見（けん）は清浄になると認められるべきである。それは例えば、多くのヨーガ行者たちが、一つの事物に集中した智恵により、多様に勝解するとき、多様な見が得られるということと同様である。[15]

そもそも分別には共通の分別と共通でない分別がある。玄奘の漢訳では、前者を「共分別（ぐうふんべつ）」、後者を「不共分別（ふぐうふんべつ）」とよんでいる。共分別は世間の人々が共有している認識を成り立たせるのに対して、不共分別は個人の独自の認識に関わっている。修行者が修行によって取り去るのは不共分別であり、共分別ではない。したがって一人の修行者の瞑想体験が深まり、真如に通達し、相（nimitta）が取り去られたとしても、修行をしてない世間の人々の経験している世界が消えてなく

【15】高橋［2005: pp.199-200, 1.12.10］

なるわけではない。また、そのように世界が人々に経験され続けていても、修行者の見は清浄になる。

さらに「摂決択分」は最後に、多くの修行者が同じ一つの事物に対して精神を集中し、様々に勝解するとき、それぞれの修行者には異なる見が生じると述べている。つまり、瞑想を実践する修行者にとっても、瞑想によって見えている対象はそれぞれ異なっている。これは同じ事物（vastu）が人によって異なって見えるということを示唆している。これをさらに一般化すれば、修行をしていない人々が見ているものと、清浄な知見を得た修行者が見ているものは、同じ事物を対象としていても見え方が異なっているということになるだろう。つまり、見えている世界は見ている者の心の状態によって異なるのである。

唯識思想史における五事説の意義

「摂決択分」に説かれる五事説は、『菩薩地』「真実義品」の思想を受け継いでおり、事物（vastu）の存在が前提となっている。『菩薩地』「真実義品」では、事物（vastu）は言語表現の基体でありながら、言語表現し得ない本質をもっている存在で、この二つの側面を言葉の上で区別していなかったが、五事説では、これを相（nimitta）と真如（tathatā）に分け、さらにそれらと密接に関連する概念として名（nāman）、分別（vikalpa）、正智（saṃyagjñāna）を加えて五事とし、それぞれの性質を多角的に分析した。

特に事物の二つの側面とされる相と真如の関係は、異なるのでもなく、異ならないのでもない（不一不異）、とされているが、このような考え方の背景には瞑想修行者の視点を読み取ることができる。その意味で、瑜伽行の修行を重視した唯識思想との関係も予感させるが、まだ唯識を標榜するには至っていない。しかし、事物という存在から相と真如という概念を取り出し、それらと分別の関係を整理したことで、唯識思想の発展の基礎を築いたともいえる。『菩薩地』「真実義品」の思想が大乗の菩薩道を見据えたものであったことと比べると、やや修行の実践に傾斜した教説ではあるが、五事説で体系化された概念は、次章以降で扱う文献の思想にも大きな影響を与えている。

第三章　『瑜伽師地論』「摂決択分」（二）―三性説―

「摂決択分中菩薩地」の三性説

『瑜伽論』「本地分」『菩薩地』の「真実義品」では、「言語表現し得ない事物(vastu)」という概念を中心にその思想が構築されていた。そして、それは「摂決択分」で五事説によって分析されるようになった。その「摂決択分」は五事説を説き終えた直後に、「真実義を理解しようと望む人によって、三性(さんしょう)に対する努力がなされるべきである」と述べている[1]。「真実義」とは、『菩薩地』「真実義品」の思想をさしており、「摂決択分」はそれを五事説によって考察したのち、さらに三性説という別な観点から説明しようとする。三性説は唯識思想において中心的な役割を担う教説の一つであり、瑜伽行唯識派の文献は基本的にこの三性説について何らかの形で言及している。その意味では、五事説よりもよく知られた教説といえる。

【1】高橋［2005: p.203, :2.0］

三性説とは、三種の自性によって、あらゆる現象を説明する教説である。三性の「性」はサンスクリット語のsvabhāvaの訳である。これは「固有の在り方」「本質」を意味する語で、古くから「自性」と漢訳されてきた。三種の自性とは、「遍計所執性（parikalpitasvabhāva）」「依他起性（paratantrasvabhāva）」「円成実性（pariniṣpannasvabhāva）」であり、「摂決択分」はこれらを次のように定義している。

①遍計所執性とは、日常的言語活動に従う範囲で言語表象（prajñapti）するために、名称と言語慣習から生じた自性である。
②依他起性とは、縁起（pratītyasamutpāda）を自性とするものである。
③円成実性とは、❶浄化されるべきものであるので、❷相（nimitta）と麁重（重苦しさ）のすべての束縛から解放されるべきものであるので、❸すべての功徳が成就されるべきであるので、諸法の真如であり、聖者の智の対象である。

遍計所執性の原語はparikalpitasvabhāvaという。parikalpitaとは「想定された」という意味である。この遍計所執性は、名称と言語慣習から生じた自性とされている。言語慣習（saṃketa）とは、ある言葉が指し示すことがらについて、話し手と聞き手の間で成り立っている慣習的な了解である。この了解にしたがって言葉を使用するときに、言葉によって指示される対象があたかも言葉で表現された通りに存在するかのように受け止められる。このように、言葉の表示対象が表現された通りに存在するものと想定されている状態が遍計所執性である。言葉や名称そのものというよりは、それによって表象を惹起するようなものである。定義の中にある「言語表象（prajñapti）」は文字通りには「言葉によって知らしめること」を意味する。ただし、瑜伽行派ではこの術語を特殊な意味で使っていると思われる。第一章でみた『菩薩地』「真実義品」の説明によれば、言語表象は名称と事物（vastu）が混然一体となった状態において起こり、その言語表象によって、名称の指示対象が顕現する、とされている。その顕現したものは夢や幻と同じように虚構だが、われわれにはそれが虚構であるということはわからない。遍計所執性の場合も、言語表象はこれに近い意味で用いられていると思われる。

次の依他起性は、paratantrasvabhāva という。paratantra は「他に依存し

た」という意味である。依他起性は他に依存した存在様態であり、「摂決択分」は縁起（pratītyasamutpāda）を自性（この場合は「本質」の意）とするものとしている。縁起は仏教の重要な教理の一つで、すべての存在は原因によって生じるという道理を表している。依他起性はこの縁起の道理にしたがって、自分以外の原因、すなわち「他」に依存している存在様態とされる。

最後の円成実性はpariniṣpannasvabhāvaといい、完成された自性を意味し、「摂決択分」では「諸法（存在）の真如」とされている。これは「浄化されるべきもの」「束縛から解放されるべきもの」「すべての功徳が成就されるべきもの」とされているので、われわれにとっては秘匿された存在様態であり、そのため聖者の智の対象といわれている。これらの定義は専門的な内容が含まれていて難解だが、定義よりも三性それぞれの関係が重要な意味をもっている。

三性相互の関係

「摂決択分」は三性それぞれの関わり方について、次のように述べている。[2]

①遍計所執性は、相（nimitta）と名（nāman）が結合したものに基づいて理

【2】高橋［2005: pp.203-204. 2.3.1-3］

解する。

②依他起性は、遍計所執性への執着に基づいて理解する。

③円成実性は、依他起性においてこの遍計所執性がそもそも成立しないことに基づいて理解する。

また、別の個所では次のようにも述べている。[3]

❶遍計所執性は、三事（vastu）に、すなわち相（nimitta）、名（nāman）、分別（vikalpa）に基づいている。

❷依他起性は、遍計所執性に対する執着と、自己の等流（とうる）に基づいている。

❸円成実性は、他の存在に安住せず、（他に）依存しないというべきである。

ここでは五事説の相、名、分別が三性と関係付けられている。①では遍計所執性は相と名が結合したものに基づいて理解するとされているが、相と名を結合させるものは分別である。そのため、❶では相と名のほかに分別が加わっているのであろう。依他起性はそのような遍計所執性への執着に基づいている。なお「等

【3】高橋［2005: p.210.2.16.1-3］

流」とは仏教の用語で、結果として生じたものが原因と同じものである状態をいう。

これに対して、依他起性において遍計所執性がそもそも成立していないこと、すなわち遍計所執性の虚構性に基づいて、円成実性を理解する、といわれている。これにより円成実性は依他起性と遍計所執性の間に成り立つ関係であることが明示されている。また円成実性は依他起性と異なり、縁起的に生じたもの（原因から生じたもの）ではないので、「他の存在に安住しない」とされている。これは仏教の教理としては無為法（作られたのではない存在）であることを意味し、空性につながる概念であることを暗示している。

三性と五事の関係

前節でみたように、遍計所執性は相、名、分別と関わっている。厳密には遍計所執性は相と名の結合に基づくものなので、相や名そのものではなく、それらに基づいて起こる言語表象（prajñapti）なのであろう。「摂決択分」の三性説は、五事説の直後に説かれているので、遍計所執性に関連している相、名、分別は、前章でみた五事説を構成する要素であることは容易に理解できる。

また、実際に「摂決択分」は三性と五事の各項目を関連付けている【4】。原文は簡潔で、具体的に詳しく述べられているわけではないが、内容から推察すると、遍計所執性は五事のいずれにも該当せず、依他起性は相、名、分別、正智の四つを包摂し、円成実性は真如に相当する。遍計所執性が五事のいずれにも該当しないのは、遍計所執性が相、名、分別が関係しあって形成される言語表象や概念を意味しているからであろう【5】。

三性説は唯識思想の中では主要な学説であるが、五事説と比べると、『菩薩地』「真実義品」の思想から、それほど大きな影響を受けたようには思われない。しかし、五事説を補完するものとして、五事説では主題にならなかった言語表象の在り方を遍計所執性として取り上げることで、われわれが経験する世界の虚構性をより明確に示している。

一方で、五事説では事物（vastu）の言語表現し得ない側面とされていた真如（tathatā）は円成実性に該当するものとされているが、円成実性そのものは、むしろ遍計所執性と依他起性の間に成り立つ状態と考えられているので、円成実性を「存在」として捉えるのか、「状態」として捉えるのか、唯識思想の課題として残されているように思われる。後述するように、最終的には円成実性は状態と

【4】高橋 [2005: p.208, :2.8]

【5】高橋 [2005: pp.55-60]

して理解されるようになり、それが空性の解釈となる。

第四章　「般若経」「弥勒請問章」の思想
―五事説と三性説の接点―

「弥勒請問章」について

「般若経」という経典は、「色即是空　空即是色」という経文で親しまれている。ただし、「般若経」という題名の一編の経典があるわけではない。「般若経」は類似の経典群の総称で、長いものから短いものまで様々な種類がある。そのうちの一つに『二万五千頌般若』というものがある。「般若経」の中では比較的長編の経典で、三世紀後半には中国に伝わって訳出されており、その後も鳩摩羅什（五世紀）や玄奘（七世紀）といった著名な訳経僧たちによって繰り返し翻訳された。この『二万五千頌般若』のサンスクリット語原典やチベット語訳には、「弥勒請問章」とよばれる章がある。弥勒菩薩がブッダに質問をするという形式になっているため、このようによばれている。弥勒菩薩はサンスクリット語ではマイトレーヤという。この「弥勒請問章」は「般若経」の一章でありながら、三性説とよく似た教理が説かれているため、古くから注目されていた。

誤解のないように断っておくが、「弥勒請問章」では、前章でみたような「遍計所執」「依他起」「円成実」という典型的な三性説の術語を用いているわけではない。その代わりに「所遍計（しょへんげ）」「所分別（しょふんべつ）」「法性（ほっしょう）」が三性に相当する術語として用いられている。これらについては後述する。

さて、すでに述べたように『二万五千頌般若』は三世紀には中国で翻訳されている。それに対して、瑜伽行唯識派の思想は四世紀頃に成立したと考えられている。したがって、『二万五千頌般若』の方が唯識思想よりも古いことになる。そして、この『二万五千頌般若』の「弥勒請問章」の中では、三性説と思しき思想が説かれている。すると三性説の起源は「般若経」にあったと思われるかもしれない。しかし、研究者の間ではそのようには考えられていない。

一般的に『二万五千頌般若』を含めて、「般若経」と呼ばれる経典は、時代を経て増広されてきたといわれている。現存するサンスクリット語原典の写本は後代に作成されたもので、経典の古い形態はむしろ漢訳された「般若経」に残されていると考えられている。『二万五千頌般若』の場合、最も古い漢訳は三世紀後半に竺法護（じくほうご）が訳出した『光讃（こうさん）般若経』で、それよりやや遅れて三世紀の終わり頃に無叉羅という人物によって『放光般若経』として漢訳されている。その後、五世紀に羅什によって翻訳されたものが『大品般若経』であり、七世紀の玄奘が訳出した『大般若経』にも『二万五千頌般若』に相当するものが収録されている。ところで、これら三世紀から七世紀にかけて訳出された漢訳の『二万五千頌般若』を調べてみても、「弥勒請問章」は含まれていない。そのため、「弥勒請問章」は『二万五千頌般若』にもともとあったものではなく、後の時代に付加されたものと考えられている。現存するサンスクリット語原典は、後代の手が加わった形を伝えていると見るべきであろう。

次に問題になるのは、「弥勒請問章」が『二万五千頌般若』に挿入された時期であろう。現時点で知られている「弥勒請問章」に関する最も古い言及は、『摂大乗論釈論』という文献に見られる。『摂大乗論釈論』は『摂大乗論』に対する「釈論」、すなわち注釈である。『摂大乗論』は唯識思想の開祖の一人とされるアサンガ（無着、五世紀頃）の著作であり、それに対してアスヴァバーヴァ（無性、六世紀頃?）という人物が『摂大乗論釈論』という注釈を著した。この『釈論』の中に「弥勒請問章」の一節が引用されている。ただし、この引用もいわくつきでややこしい面がある。というのも、この『釈論』には玄奘の漢訳と、チベット語の翻訳があるが、「弥勒請問章」の引用は玄奘訳にのみに見られ、チベット語訳には確認できない。時代的には玄奘の訳業が七世紀半ばであるのに対して、チベット語への翻訳は八世紀から九世紀初頭に行われているので、より古い資料である玄奘訳に引用されているということになる。なぜ古い資料である玄奘訳に引用があり、それよりも後の資料であるチベット語訳にはないのか、ということが不可解ではあるが、事情はどうであれ、遅くとも七世紀頃には、いわゆる「弥勒請問章」が作成されていたことは認めてよいだろう[1]。

【1】長尾［1982: 33–41］参照。

「弥勒請問章」の思想研究の問題

このように、「弥勒請問章」は後代に『二万五千頌般若』に付加されたものであり、おそらく瑜伽行唯識派の思想が成立した後にそれが行われたとなると、「弥勒請問章」の三性説は唯識思想の影響を受けた結果と考えるべきであろう。この点については多くの学者の見解が一致しており、疑義はない。しかしながら、これまでの研究における「弥勒請問章」の扱い方には問題がなかったとは言えない。

従来、「弥勒請問章」の思想に言及する際には、三性説の部分だけが取り上げられ、その前提となる部分は等閑視されてきた。またその位置付けは、唯識思想が「般若経」に影響を与えた例として理解されてきた。そのため、「弥勒請問章」を、瑜伽行唯識派の思想を読み解くための資料として扱うことはほとんどなかった。しかし、「弥勒請問章」は三性説の前提として、「言語表現し得ない界(dhātu)」という概念について詳しく述べている。後述するように、「言語表現し得ない界」に関する思想は、『瑜伽論』「摂決択分」の五事説と似た点が多い。つまり、「弥勒請問章」は三性説だけでなく、五事説も扱っていることになる。また「弥勒請問章」は「言語表現し得ない界」に関する思想と三性説を一連の体系として扱っている。したがって、「弥勒請問章」の思想を考察する際には、三性説の部分だけでなく、その直前で説かれる「言語表現し得ない界」まで含める必要がある。次節ではまず、この「言語表現し得ない界」について概観する。

言語表現し得ない界——「弥勒請問章」の五事説——

「弥勒請問章」では、ブッダ(世尊)とマイトレーヤ菩薩の間で次のような問答が交わされる。ブッダもマイトレーヤも、「般若経」という物語の中の架空の登場人物だが、説明の都合上、以下では「弥勒請問章」の内容をブッダとマイトレーヤそれぞれの発言として示す。なお、経典の表現は冗長な場合が多いので、適宜、要約した。

さて、まずマイトレーヤがブッダ（経典中では「世尊」と尊称で呼びかけられる）に次の質問をする。

> 世尊よ、「色」という、この名称は事物（vastu）を伴うものとして、つまり行の相（saṃskāranimitta）によって知覚される場合、どうして菩薩・摩訶薩は、「色は名称に過ぎない」と学ばなければならないのでしょうか。[2]

ここでマイトレーヤは「色は名称に過ぎない」といっているが、これは「般若経」がしばしば言及する命題である。しかし、その名称が事物（vastu）を伴うものであり、行の相（saṃskāranimitta）によって知覚されるという考え方は、「般若経」に頻出するものではない。この質問に先立つ部分では、「事物」や「行の相」という概念に言及していないので、マイトレーヤの質問の内容は、かなり唐突な印象を受ける。この「事物」や「相（nimitta）」という術語が、『菩薩地』や「摂決択分」で言語表現の基体として使われていたことを念頭におくと、ここ

【2】Conze and Iida [1968: p.234, II-(7)]

には「般若経」本来の文脈とは異なる思想が導入されているように思われる。

さて、この質問に対して、ブッダは次のように答えている。

偶発的なこの「色」という名称が、その行の相である事物に対して、投射されると理解すべきである[3]。

「偶発的」というのはāgantukaというサンスクリット語の訳で、「外からやって来た」という意味であり、漢訳では「客」「客塵（きゃくじん）」と訳される。その外来的で偶発的な「色という名称」が、行の相である事物に対して投射される。言い換えれば、「色」という名称と、それが投射される対象である「事物」あるいは「相(nimitta)」の関係は偶発的なものであり、必然性がないということになる。したがって、ブッダは、「色は実体を伴わない、単なる名称に過ぎないもの」と答えている。この返答は「般若経」に一般的に見られるものだが、ここではマイトレーヤはさらに踏み込んで、次のように質問している。

その場合、世尊よ、「これは色である」という名称、観念、言語表象

【3】Conze and Iida [1968: p.234, ll- (8)]

(prajñapti)、日常的言語表現の基体となっている行の相である事物が、色の自性として知覚されるはずです。[4]

マイトレーヤは、名称の基体である事物が、色という存在の自性（本質）として知覚されるはずであると、ブッダに問いただしている。「般若経」は基本的に「一切の存在（法）は自性を持たず、空である」と主張している。したがって、事物が色の自性として知覚されることは認めない。そのため、ブッダは逆にマイトレーヤに次の質問を投げかける。

> 行の相である事物に対して、「色」という名称、観念、言語表象、日常的言語表現がある。それでは、マイトレーヤよ、どう思うか。それは色の自性であろうか、それとも言語表象に過ぎないもの（prajñaptimātra）であろうか。[5]

このように、『色』という名称は色の自性か」、と問われたマイトレーヤは、「それは言語表象に過ぎないものです」と答える。このブッダの問いかけは、マ

【4】Conze and Iida [1968: p.235, III-(13)]

【5】Conze and Iida [1968: p.235, III-(14)]

イトレーヤの質問をはぐらかしているようにもみえる。マイトレーヤの質問は、「色」という名称が事物に投射されているのであれば、「色である」という判断の背景にある事物という基体を知覚することにならないか、ということだった。しかし、ブッダは事物に対して投射されている「色」という名称が、自性であろうかと、問い返している。すると、マイトレーヤも、「言語表象に過ぎないものです」としか答えようがない。すると、ブッダはさらに次のようにたたみかける。

マイトレーヤよ、それではどうして、汝は「色の自性が知覚されるはずである」と思うのか。[6]

このように問われれば、「色の自性は知覚されるはずがない」と答えざるを得なくなる。しかし、マイトレーヤはここで譲歩することなく、さらに質問を重ねる。すると、それが突破口となり、ブッダもさらに踏み込んだ回答するようになる。そのやり取りは次のようになっている。

マイトレーヤは言った「それでは、世尊よ、あらゆる点で自相

【6】Conze and Iida [1968: p.235, III-(18)]

(svalakṣaṇa) をもって色は存在するはずがないのでしょうか。」

世尊は言った「マイトレーヤよ、私はあらゆる点で自相をもって色が存在しない、とは言っていない。」

マイトレーヤは言った。「世尊よ、色はどのように存在しているのでしょうか。……」……

世尊は言った。「マイトレーヤよ、世間の言語慣習や日常的な表現として、色は存在するが、勝義としてではない。」……

マイトレーヤは言った。「世尊よ、私が世尊のおっしゃったことの意味を理解しますに、勝義として、界（dhātu）は言語表現し得ないものにほかなりません。」[7]

対話の内容を細かく追っていくと、ブッダは『色』は言語慣習として存在するが、勝義として存在するのではない」と説き示しているのに対して、マイトレーヤはそれを受けて、「勝義として、界は言語表現し得ないものにほかならない」という解釈を加えている。ここで「勝義として言語表現し得ない界」という概念が、マイトレーヤの発言として「弥勒請問章」にはじめて導入される。「界」は

【7】Conze and Iida [1968: p.236, III-(23) - (27)]

基本的には「構成要素」「元素」「本質」などを意味する。つまり、勝義として本質は言語表現できない、ということが、ここで述べられている。この概念について、マイトレーヤはさらに次のように質問する。

> 世尊よ、もし言語表現し得ない界が勝義としてあるなら、「色」という偶発的な名称が投射される対象、すなわち行の相である事物が、勝義として実在しないのはなぜですか。……もし、それが勝義として存在しないなら、どうして言語表現し得ない界は存在するのでしょうか。行の相である事物が言語表現し得ない界であるということは、あり得ないのでしょうか[8]。

ここで、名称の対象であり、「行の相である事物」という概念と、「言語表現し得ない界」の関係が問われる。マイトレーヤは、やや回りくどい質問の仕方をしているが、行の相である事物と、言語表現し得ない界は同じものではないのか、ということを尋ねようとしている。マイトレーヤの質問を順を追って整理すると、もし、言語表現し得ない界が勝義としてあるなら、行の相である事物が勝義として存在しないのはなぜか、また、もし行の相である事物が勝義として存在しない

【8】Conze and Iida [1968: p.236, III- (27)]

なら、言語表現し得ない界が存在するのはなぜか、となる。つまり、界（dhātu）が勝義として存在するなら、事物（vastu）も勝義として存在するはずであり、逆に事物が勝義として存在しないなら、界も存在しないことになる、ということをマイトレーヤは示唆している。この関係が成り立つためには、「事物がすなわち界である」ということにならなければいけない。マイトレーヤの質問は修辞的なもので、むしろ事物と界が同じものであることを確信しているようにも思われる。

ここまで言われて、これまで質問をはぐらかしてきたブッダも、ついに「それでは、マイトレーヤよ、汝にだけ、それについて問い返そう。汝の納得するように、そのように解釈せよ」と応じて、次のように語り始める。

それでは、マイトレーヤよ、どう思うか。言語表現し得ない界に対して、汝の智慧（prajñā）がはたらいている。そのとき汝は、「これは色である」という偶発的な名称が投射された対象である行の相としての事物を知覚するだろうか。

マイトレーヤが「いいえ、そのようには思いません」というと、ブッダはさらに続ける。

> それではマイトレーヤよ、このようにして、理解すべきである。この行の相である事物は、言語表現し得ない界と異ならないけれども、異ならなくもないのである。……
>
> マイトレーヤよ、もし、行の相である事物と、言語表現し得ない界が異ならないとしたら、その場合、すべての凡夫異生たちは般涅槃し、無上正等覚を得ることになってしまう。
>
> マイトレーヤよ、もし、行の相である事物と、言語表現し得ない界が異なるとしたら、その相も知覚されないことになってしまう。なぜなら、（言語表現し得ない界に対して智慧がはたらいているとき、）その言語表現し得ない界の洞察があるからである。【9】

マイトレーヤの質問には、「行の相である事物が、すなわち言語表現し得ない界である」ということを明らかにしようとする思惑がみられた。この質問に対し

【9】Conze and Iida [1968: p.236, III-(28)-(31)]

て、ついにブッダはぐらかすことなく回答しているように思われる。すなわち、智慧が言語表現し得ない界に対してはたらいているとき、言語表現の対象となっているような事物を知覚するだろうか、とブッダはマイトレーヤに尋ねる。ここでは「智慧」が重要な意味を持っている。「弥勒請問章」は『二万五千頌般若』の一章であり、したがって「般若経」の文脈で語られている。「智慧」はサンスクリット語のprajñāであり、漢訳では「般若」と訳す。つまり「智慧」とは「般若経」の主題である。この智慧が言語表現し得ない界に対してはたらいているとき、名称の対象である事物をみることはない、とブッダはマイトレーヤに諭す。その上で、マイトレーヤが尋ねていた事物と界の関係について答えている。

ブッダによれば、事物と界は異なるのでもなく、異ならないのでもない。同じものであるとすれば、仏道修行者でない普通の人たちも悟りを開いていることになり、また異なるとすれば、界に対して智慧がはたらいているので、界とは異なる「相」を知覚し得ないことになる。後者は分かり難いが、言語表現し得ない界に対する智慧がはたらいていることが、いまの一節の前提になっており、そのような状況では名称が投射される対象である「相」を知覚しないが、それでは行の相として顕れている現実を完全に離れてしまうことになるということであろう。

ブッダとマイトレーヤの問答はさらに続く。

マイトレーヤは言った。「世尊よ、もし菩薩・摩訶薩が言語表現し得ない界に関わる智慧のはたらきに専念していて、偶発的な名称が投射される対象であり、行の相である事物を知覚しないなら、世尊よ、どうしてその存在しているものを知覚しないのでしょうか。」

このように言われて、世尊はマイトレーヤ菩薩摩訶薩に次のように言った。「なぜなら、マイトレーヤよ、その行の相である事物は存在するのでもなく、存在しないのでもないからである。それはなぜか。マイトレーヤよ、汝が行の相である事物を分別するとき、行の相である事物は分別により把捉される。あるいはまた、汝が言語表現し得ない界に関わる智慧のはたらきに専念して、分別しないとき、無分別により把捉される。」

マイトレーヤは言った。「その通りです、世尊よ。」

世尊は言った。「マイトレーヤよ、そうであるなら、『これは色である』という偶発的な名称が投射される対象である、行の相である事物は、分別そのもの（vikalpamātra）ではないだろうか。……そしてまた、分別そのものであるなら、無分別の界（nirvikalpadhātu）に専念しているとき、諸々の分別が取り除かれるので、何か『これは色である』という偶発的な名称が投射された対象が存在することや、存在しないことが知覚されようか。……」[10]

言語表現し得ない界と行の相である事物は、「摂決択分」の五事説の真如（tathatā）と相（nimitta）の関係を思い起こさせる。「摂決択分」では、真如は言語表現し得ない事物（vastu）であり、相（nimitta）は言語表現の基体となった事物であった。「摂決択分」の真如と相は異なるのでもなく、異ならないのでもないとされていたように、「弥勒請問章」の言語表現し得ない界と行の相である事物も異なるのでもなく、異ならないのでもないとされている。ただし、「摂決択分」ではヨーガ行者の視点で語られていたのに対して、「弥勒請問章」は智慧をはたらかせている菩薩の視点で述べられているという違いはある。

また「摂決択分」の五事説の相（nimitta）と「弥勒請問章」の行の相（saṃskāranimitta）である事物（vastu）の最も大きな違いは、分別との関係にある。「摂決択分」では相は分別の対象ではあるが、分別そのものとはされていない。それに対して、「弥勒請問章」では、行の相である事物は分別そのもの

【10】Conze and Iida [1968: p.237, III-(32) - (35)]

(vikalpamātra）とされている。ここには、事物（vastu）という概念が分別（vikalpa）に内包されるような構図が示されている。

「弥勒請問章」の三性説

「弥勒請問章」は、言語表現し得ない界について詳しく説明し、行の相である事物が分別そのものであることを述べたのち、それを踏まえて三性説を説き始める。そこで説かれている三性は、所遍計（parikalpita）、所分別（vikalpita）、法性（dharmatā）となっている（一般的には三性は遍計所執、依他起、円成実である）。これについて、ブッダとマイトレーヤの対話の形で次のように述べられている。

マイトレーヤは言った。「世尊よ、所遍計の色とは何でしょうか。所分別の色とは何でしょうか。法性としての色とは何でしょうか。……」

世尊は言った。「マイトレーヤよ、その行の相（saṃskāranimitta）である事物（vastu）に対して、『色』という名称・呼称・言語慣習・言語表象・日常的語表現に依存して、『色』を自性とするものとしての想定、これが所遍計（pairkalpita）の色である。……

次にその行の相である事物が、分別そのもの（vikalpamātra）という存在であることにとどまり、分別に依って言語表現する場合、その状態において、『色』という、この名称・呼称・言語慣習・言語表象・日常的言語表現がある。……それが所分別の色である。……

如来たちが出生しても、出生しなくても、必ず存在しているに違いないものである諸法の法性、法の存続、法界、それは、所遍計の色を、所分別の色が、常に必ず自性（本質）としていない状態、（すなわち）法無我、真如、辺際、それが法性としての色である。……[11]」

【11】Conze and Iida [1968: p.238, IV-(38)-(41)]

「所遍計の色（誤って想定された「色」）」は、事物に対して、「色」を自性とするものとして「想定すること」といわれているが、文脈からみて想定の内容のことを指していると思われる。これが「所遍計の色」であり、事物に対して本質であるかのように想定されたものである。

これに対して、「所分別の色（分別された「色」）」は、分別に依存してなされた言語表現である。この場合、行の相である事物は「分別そのもの」であることにとどまっている。つまり、言語表現の対象は行の相である事物であるとしても、それは実際には分別そのものなので、言語表現は分別の範囲でなされていることになる。

最後の法性（dharmatā）としての色は、所遍計の色を所分別の色が本質としていない状態であり、法無我、真如などと言い換えられている。すでにみたように、所遍計は事物に対して、本質であるかのように想定されたもの、所分別は分別に依存して言語表現している状態における「色」という名称であった。所分別は分別そのものにおいて、「色」という名称がある状態だが、所遍計は本質であるかのように「色」を想定することなので、所分別が所遍計を本質としていない状態は、分別そのものに依存してなされる言語表現を取り去ることになる。その場合、分別に「色」などの言語表現がない状態になるので、無分別ということになる。また、相である事物と界の関係から見れば、相である事物が言語表現を離れることで、言語表現し得ない界となる状態なのであろう。

「弥勒請問章」の思想史的意義

「弥勒請問章」の三性説はその直前で説かれる五事説（に似た教説）を前提とした内容になっている。言語表現し得ない界（dhātu）と行の相である事物

（vastu）が表裏の関係にあるのは、五事説の真如と相の関係によく似ているが、「弥勒請問章」の行の相である事物は分別そのもの（vikalpamātra）と言い換えられ、そしてこの分別そのものは、三性説では依他起に相当する所分別の色と関連付けられている。ここでは「摂決択分」とは異なり、事物（vastu）よりも分別（vikalpa）が重要な役割を果たしている。事物（vastu）を中心にして構築されていた思想から、唯識思想へと移行する過程が記録されているのかもしれない。

第五章　『解深密経』
—事物（vastu）、三相説、アーラヤ識、唯識—

『解深密経』とは何か

『解深密経』は、サンスクリット語原題を*Saṃdhinirmocana-sūtra*という。「隠された意図を解き明かす経典」という意味であり、仏教の認識論や空思想に新しい解釈を施し、ブッダの教説の隠された意図を明らかにすることを標榜している。そのために、アーラヤ識説や三性説（『解深密経』では三相説）という唯識思想特有の教説を用いている。

この経典は『瑜伽論』「摂決択分」にほぼ全文が引用されているので、「摂決択分」より先に成立したと考えられている。正確な成立年代は分からないが、五世紀半ばに中国で翻訳されている。その後、中国とチベットで数度にわたって翻訳されており、それぞれ違った訳名を付されている。『解深密経』という経題は、三蔵法師として知られる玄奘が七世紀に翻訳した際のもので、厳密にいえば玄奘の翻訳した漢文経典のみをさすはずだが、一般的に原典や翻訳を含めて、この経典をさす総称として定着している。

『解深密経』の構成

『解深密経』の原典は、基本的には序品を含めて十一章よりなっていたと思われるが、玄奘は最初の四章を一つにまとめて、全八章としている。全体の章の構成とその内容は、玄奘訳『解深密経』によれば、次のようになっている。

1. 序品
2. 勝義諦相品　勝義の五相
3. 心意識相品　アーラヤ識、アーダーナ識
4. 一切法相品　三相説（＝三性説）
5. 無自性相品　三無自性説
6. 分別瑜伽品　止観行と唯識無境
7. 地波羅蜜多品　菩薩の十地と六波羅蜜
8. 如来成所作事品　如来の法身など

ここに示したように、各章ごとに異なる主題を論じており、特に第三章「心意識相品」から第六章「分別瑜伽品」までは唯識思想特有の概念を取り上げているが、従来の研究では各章の内容はたがいに関連していないと言われてきた。たしかに、通して読んでみても、前後の章を関係付けるような記述はほとんど見られない。例外として、三無自性説は三相説を前提としているため、第四章「一切法相品」と第五章「無自性相品」の内容は必然的に関連している。しかし、それらの内容とアーラヤ識や唯識無境との関係は明確には説かれていないため、経典全体を貫く思想が読み取り難い。それに加えて、第一章「勝義諦相品」と、第七章「地波羅蜜多品」、第八章「如来成所作事品」は、三相説（三性説）やアーラヤ識説のような唯識思想特有の術語が見られないので、そもそも思想的に関連の希薄な文献が唯識思想を説く経典の前後に継ぎ足されているような印象さえ与える。そのため、「勝義諦相品」「地波羅蜜多品」「如来成所作事品」は、これまでの唯識思想研究においてあまり重要視されてこなかった。しかし、その内容を注意深く読んでみると、決して唯識思想の展開と無関係ではないことがわかる。

「勝義諦相品」の説く勝義の五つの特徴

玄奘訳『解深密経』の「勝義諦相品」は、勝義の五つの特徴（勝義の五相）を説いている。玄奘訳では五つの特徴を、無二相・離言相・超過一切尋思境相・超過諸法一異性相・遍一切一味相と訳している。

『解深密経』は、ものごとは「甲」と「甲でないもの」のように二分できないと考えており、これを「無二相」という。非二元論的な特徴と言い換えることができる。「離言相」は、ものごとは言語表現を離れた本質を持っているということを意味し、無二相の理由として示されている。ものごとは本質的に言語表現し得ないので、概念的に「甲」と「甲でないもの」を区分して捉えることができないと『解深密経』は考えている。

のこりの三つの特徴は、この離言相と深く関わっている。第三の「超過一切尋思境相」は、ものごとはすべての論理的な思考を超越しているということであり、第四の「超過諸法一異性相」は、「言葉で捉えている対象」と「言語表現を離れた本質」とは、同一性と別異性を超越しているということである。「遍一切一味相」は、言語表現を離れた本質はすべてのものごとの本質として行き渡っているということである。

以下では、五つの特徴について、個別に詳しく見ていく。

言語表現し得ない事物――無二相と離言相――

『解深密経』は経典の体裁をとっているので、説法者はブッダであり、いわゆる対告衆とよばれる菩薩との問答形式になっている。ただし、「勝義諦相品」の初めの一節（無二・離言を扱う部分）だけは如理請問菩薩と解甚深義密意菩薩という名前の二人の菩薩の対話になっている。

まず、如理請問菩薩が解甚深義密意菩薩に対して、「一切法は無二である」というとき、一切法とは何を指しているのか、またなぜ無二なのか、と尋ねる。これに対して解甚深義密意菩薩は「一切法とは有為と無為である」と述べた後、「有為は有為でもなく、無為でもない、無為は無為でもなく、有為でもない」と、不可解なことを言いだす。如理請問菩薩がその意味を問いただすと、解甚深義密意菩薩は次のように説明する。

良家の子よ、「有為」といっても、これは師によって仮に言い表された言葉である。師によって仮に言い表された言葉というものは概念知

(parikalpa) から生じたものであり、日常的な表現として述べられている。概念知から生じ、日常的な表現として述べられたものは、多様な概念知に関する日常的な表現として述べられたものであり、常に不完全なので、有為ではないのである。良家の子よ、無為というのも日常的な表現の範囲に属している。有為と無為のほかに何かが述べられたとしても、これと同じことになる。

しかしながら、言語表現は事物 (vastu) を伴わないものではない。そして、この事物は何かというと、聖者たちによって、聖智と聖見により、離言(言語表現し得ないもの) であると正等覚されたものだが、言語表現し得ない法性、これこそが (他の人によって) 現等覚されるべきなので、「有為」という名称で仮に言い表したのである。[1]

【1】Lamotte [1935: p.35, l.2]

有為と無為は仏教の基本的な教説で、有為は「作られたもの」、無為は「作られたのではないもの」を意味する。すべての法は有為と無為に分けることができる、と仏教の存在論では基本的にそのように考えている。この考え方では、有為や無為と呼ばれる法は、「存在するもの」として疑われることなく、前提とされている。

しかし『解深密経』は、この素朴な存在論に対して、言語表現との関係という観点から疑問を投げかける。「有為」も「無為」も師であるブッダの教説であれば、突き詰めていけば言葉に過ぎない。言葉は概念知に由来するものであり、概念の所産である。概念の所産である限り、日常的な言語活動の範囲で語られるものに過ぎず、その意味で不完全である。したがって、「有為」なるものも、「無為」なるものも実体としては存在しない。そういう意味で、「有為は有為でもなく、無為でもない」のである。

しかしながら、「有為」や「無為」のような言葉も、事物（vastu）を伴わないものはない。この場合の「事物」とよばれているものは、言語表現し得ない本質である。さらに師であるブッダは、この言語表現し得ない本質こそが、他者に理解されなければならないので、「有為」や「無為」という表現を用いて説き示すのである。

ブッダの教えでさえも言葉に過ぎず、概念的なものであるが、そのような言葉の背景には言語表現し得ない本質である事物がある。そして、このことを他人に伝え、その人を了悟に導くためには、言葉に依らざるを得ない。言葉で表現できないものを、あえて言葉で表現するのは、一見矛盾するようだが、その目的は他者の教導にある。この考え方には、衆生を利益するという大乗仏教の思想が反映している。

分別から生じる行の相

言葉の背景に事物（vastu）があるということを示してから、『解深密経』は、われわれにとって世界がどのように見えているかということを、幻術の譬えを使って説明する。幻術師が街道で木や石を積み上げて、あたかも象がいるかのように見せると、愚かな人はそれを見て、本物の象がいると思ってしまう。それに対して、賢い人はそれが幻術であり、仕掛けがあることを知っている。「有為」や「無為」という言葉が作り出す表象は、幻術によって現し出される象の姿のようなもので、実体ではない。しかし、幻の象の背景には木や石があるように、言語表現である「有為」などは、言語表現し得ない事物（vastu）の上に成り立っている。これについて『解深密経』は、次のように述べる。

ある衆生たちは愚かでなく、真理を見て、聖なる出世間の智慧を得て、すべての法の言語表現し得ない法性を了知している。彼らは「有為」や「無為」というものを見たり聞いたりすると、このように思う。「有為と無為として見えているもの、それは存在しないが、何かに対して『有為』や『無為』の観念や、『有為』や『無為』に類する観念が生じたなら、分別(vikalpa)から生じたものである行の相(saṃskāranimitta)という幻のようなものは存在する。知性を惑わすもの、それは存在する」と考える。[2]

【2】Lamotte [1935: pp.37–38, l.5]

「有為」も「無為」も所詮は言葉に過ぎないが、その言葉によって「有為」や「無為」として表象されるものがある。世間的な知性を越えた知性（出世間智という）を得た者は、すべての法が言語表現し得ないこと（離言）を理解している。彼らは有為や無為という言説を聞いたとしても、有為なるものが存在しているとは考えない。しかし、有為や無為という観念が起きるとき、その観念の対象となる「行の相」というものが存在すると理解している。

「行の相」とはsaṃskāranimittaというサンスクリット語の訳で、saṃskāraは「現象」、nimittaはものの姿かたちを意味する。したがって、「行の相」とは、現象的なものの姿かたちである。（この術語は、前章でみた「般若経」の「弥勒請問章」でも事物（vastu）の同義語として使われていた。）

『解深密経』によれば、その行の相は、分別から生じ、人の知性を惑わす。幻の象の場合も、それが本物の象でないとわかっていながら、見ているものは象の姿かたちであり、石や材木が見えているわけではない。それと同じく、出世間智を得た者は、有為や無為という言葉によって引き起こされる観念そのものが実体ではないことを理解しているが、彼らもやはり、「有為」「無為」として表象され、顕れているものを捉えている。そのように概念的に捉えられているものを『解深密経』は「行の相」とよんでいる。

この思想が本当に教示したいことは言語表現し得ないものが実在するということなのだが、その存在を示すためには言語表現を用いざるを得ないというところに、難しさがある。ブッダが悟った真理は、本来は言葉で表現できない深遠な体験に基づいている。しかし、それが言語化されると、あたかもそういうものとして存在するかのように受け取られてしまう。あらゆる言葉は概念知に由来し、その言葉の受け手は、受け取った内容を言葉に基づいて理解し、概念的に捉え直す。概念的な理解は「それはこれである」という形を取ることになる。しかし、このように概念的に理解することは、そもそも心のはたらきであることは疑いようがない。したがって、あらゆる存在は他者からの教説という形を取る限り、必ず心のはたらきに由来する概念としてしか存在し得ない。

以上が勝義の特徴のうち、無二相と離言相の説明だが、第三の特徴である超過一切尋思境相、すなわち「勝義はすべての論理的思考の対象とならない」という特徴も、やはり言語表現との関係で説明される。『解深密経』は次のように説いている。

> 私はすべての思考を完全に超越した特徴がある勝義を正等覚（しょうとうがく）した。正等覚してからも、説き明かし、分析し、教示した。なぜなら、勝義は聖者たち個々人によって知るものであると私は説いたが、凡夫たちが相互に理解できるのは思考の領域だからだ。……また勝義は相（nimitta）を伴わない領域であると私は説いたが、思考は相（nimitta）を活動領域としている。……また勝義は言語表現し得ない（離言）と私は説いたが、思考は言語を活動領域としている。……また勝義は日常的言語活動を完全に断ち切ったものであると私は説いたが、思考は日常的言語活動を領域としている。……また、勝義はすべての論争を完全に断ち切っていると私は説いたが、思考は論争を領域と

している。……このように、すべての思考を超越した特徴を持つものこそが勝義であると理解すべきである。[3]

論理的思考は概念的なもの同士の関係によって構成されており、「それはこれである」という判断の形を取る。この判断は心のはたらきであり、その内容は概念的なものの範囲を超えることがない。概念的なものは言語化されたものに他ならない。したがって、言語表現し得ないものである勝義は、論理的思考の対象ともならないのである。

[3] Lamotte [1935: p.39, II.2]

勝義と行（saṃskāra）は同一でもなく、別異でもない

これまでみてきた無二相、離言相、超過一切尋思境相という特徴は基本的に言語表現と実在の関係を念頭においている。しかし、第四の特徴である「超過諸法一異性相」はやや異なる視点で論じられている。これは「すべての法は同一性と別異性を超越している」ということだが、『解深密経』の説明によれば、同一でも別異でもないという状態は、勝義と行（ぎょう）（saṃskāra）の関係を意図している。この場合の「行」は前節の「行の相」という場合の「行」と同じで、すべての現象

を表している。この現象としての行（saṃskāra）と勝義の関係について、『解深密経』は次のように述べている。

もし行の特徴と勝義の特徴が異ならないとした場合には、①すべての凡夫たちは真理をも見ていることになろう。②また、ほかならぬ凡夫でありながら成就と安楽である無上涅槃を得ることにもなろう。③また、無上正等菩提を正等覚することにもなろう。

もし行の特徴と勝義の特徴が異なるとした場合には、❶真理を見た者たちも行の相から離れないことになる。❷行の相から離れないので、相（nimitta）の束縛から抜け出さないことにもなる。相の束縛から抜け出さない場合、麁重（身心の重苦しさ）の束縛からも抜け出さないことになる。二種の束縛から抜け出さない場合、真理を見る者によって成就と安楽である無上涅槃を得ることにもならないのであり、無上正等菩提を正等覚することにもならないであろう。[4]

ここで『解深密経』が述べようとしているのは、行と勝義の特徴が同じか、否

【4】Lamotte［1935: p.43, III.3］

かということであり、言い換えれば、行と勝義は同一か否かということを問題にしている。すなわち、両者が同じ特徴をもっていれば、それらは同じものとして捉えられ、異なる特徴をもっていれば、別なものとして捉えられることになる。

さて、もし行（saṃskāra）と勝義が同じものであれば、悟りを開いていない普通の人にも現象としての行は見えているので、同時に勝義も見ていることになってしまう。また、修行をしていないにもかかわらず、涅槃に入り、無上正等覚（むじょうしょうとうがく）を得ることにもなってしまう。これは仏教の修道論の観点からあり得ない。

しかし、もしこの二つが全く異なるとすれば、勝義を見ている者も、行の相（saṃskāranimitta）を離れることができないことになってしまう。この理屈は分かり難いが、次のような考え方をしていると思われる。すなわち真理を見た者が、現象的存在である行を超克して勝義を見ているときに、超克されたはずの行の相が、勝義と別なものとして存在しているのであれば、たとえ勝義に到達したとしても、行は払拭されずに残存し、修行者は現象的存在を克服したことにならない。したがって、両者が異なるとすることも正しくない。

このように、第四の特徴である「超過諸法一異性相」は、言語表現と実在という観点から論じられているわけではなく、修道論に基づいて、勝義が、現象的存在である行と異なるとも異ならないとも言えないということを示している。この考え方は、「摂決択分」の五事説で、相と真如の関係を分析する際にも修道論の立場から論じられていたことと対応している。

勝義はすべての法に一味である

最後の特徴である「遍一切一味相」は、勝義が遍くすべての法おいて「一味」であるという特徴を表している。「一味」というのは、「同じ味」という意味だが、勝義がすべての法の本質として等しくそなわっているために、同じ味がするということを意味している。この特徴について、スブーティという名の仏弟子とブッダとの対話の形で説明されている。経典特有の冗長な表現が続くので、以下ではその内容を要約して示す。

ブッダがスブーティに「増上慢（ぞうじょうまん）にとらわれて知識を披歴する衆生たちがどれほどいるか知っているか」と尋ねると、スブーティは森の中で出会った比丘たちのことをブッダに告げる。それによれば、ある比丘は蘊（うん）の様相を観ることによって知識を披歴し、またある比丘は処（しょ）の様相を観ることによって知識を披歴している。その他にも、縁起、食、諦、界、念処（ねんじょ）、正断、神通力、根、力、菩提分、八正道のそれぞれの様相を観ることによって、知識を披歴する比丘たちがいる。しかし、そのような比丘たちは、蘊、処、縁起などの多様なブッダの教法のいずれか一つを現観し、その知識を披歴するに過ぎない。彼らは、勝義はあらゆる点で一味であることを省察することがなく、増上慢にとらわれて、知識を披歴している。

このようにスブーティがブッダに話したところ、ブッダは肯き、次のように説く。以下は『解深密経』の引用である。

> スブーティよ、諸蘊における清浄所縁なるもの、それこそ私は勝義であると説いたからであり、処、縁起、食、諦、界、念処、正断、神通、根、力、菩提分、八正道における清浄所縁なるもの、それこそ私は勝義であると説いたからである。諸蘊における、この清浄所縁も、あらゆる点で一味であり、特徴が異ならない。諸蘊と同様に、処、縁起、食、諦、界、念処、正断、神通、根、力、菩提分、八正道に至るまで、この清浄所縁はあらゆる点で一味であり、特徴が異ならない。スブーティよ、こうして、あなたはこのようにあらゆる点で一味の特徴を持つものが、勝義であると理解すべきである。[5]

【5】Lamotte［1935: pp.50–51, IV.8］

ここで勝義は「清浄所縁」と言い換えられる。「清浄所縁」はサンスクリット語でviśuddhyālambanaといい、「浄化のための拠り所」を意味する。『解深密経』は全体を通じて、この術語の語義を説明していないが、アサンガの著作とされる『顕揚聖教論』では、清浄所縁の名称の由来を「この対象を縁として、心の清浄を得る」と解説している。【6】すなわち「心を浄化する拠り所（所縁）」が清浄所縁とよばれている。この清浄所縁こそが、蘊、処、縁起などの様々なブッダの教説の本質にあたる勝義であり、すべての教説に通じる「一味」なものである。

【6】『顕揚聖教論』大正新修大蔵経　第三十一巻、五五九・中・七

しかし、多くの比丘たちは、蘊なら蘊、処なら処というブッダの教説の一部を頼りに修行し、それを体得するとブッダの教えのすべてを体得したかのように思い込み、その経験を語る。すると蘊を体得した比丘は蘊について語り、処を体得した比丘は処について語ることになる。しかし、ブッダの教説の真意はそこにはない。ブッダは次のように述べている。

ヨーガ行者である比丘は、一つの蘊の真如、すなわち勝義としての法無我

を理解すると、さらにそれと異なる蘊、界、処、縁起……八正道それぞれにおいて真如、勝義、無我を省察せずとも、二つの束縛（相縛と麁重縛）がない智によって、勝義はあらゆる点で一味の特徴をもつと確定し、現観するはずである。[7]

【7】Lamotte [1935: p.51, IV.9]

ブッダは蘊、界、処など様々な形で教えを説いたが、ブッダが示そうとしているのは本質としての真如の直観であり、蘊などの個々の教説ではない。ここでは勝義はさらに真如と言い換えられ、法無我の同義語とされる。そのような勝義は一味のものとして、すべての教法に通じている。したがって、ヨーガ行者である比丘は、ただ一つの教説を通じて、その内実である勝義を体得すれば、他の教説を省察せずとも、勝義を直観し、体得することになる。

蘊、界、処や縁起、八正道などの教説はあくまで言葉で説かれた教説であり、ブッダの教えの本質ではない。しかし、言葉としての教説の背景には本質として勝義がある。それは真如であり、法無我とも言われる。真如あるいは法無我としての勝義はすべての法において区別のない「一味」の本質なので、それを理解すれば、すべての法の本質を捉えたことになる。

「勝義諦相品」の思想史的意義

「勝義諦相品」の初めに、「離言相」を解き明かした際に、「有為」や「無為」のようなブッダの教説も言葉に過ぎず、その意味では虚構だが、その背景に言語表現し得ない事物（vastu）があると説かれていた。また、勝義の最後の特徴である「遍一切一味相」の場合も、蘊、界、処などのブッダの教説の表面的な理解にとどまるのではなく、そこに通底する勝義を理解することが求められていた。これが「勝義諦相品」の一貫した主張であろう。そして、言語表現し得ない事物の分析から始まり、勝義の在り方を解き明かす過程で、「行の相」や「清浄所縁」という概念が使われる。事物は本質的に言語表現し得ないが、言語により意思疎通が行われる場面においては、事物が概念によって差異化される。そして、言語と関わる側面は「行の相」（現象的存在の姿かたち）と言い換えられる。それは名称や分別と関わっている。一方で、言語表現し得ない本質を勝義とし、それを清浄所縁ともよんでいる。こうした考え方や術語の使い方は、五事説の相と真如の関係とよく似ている。

「勝義諦相品」では、言語表現し得ない事物（vastu）の存在を前提に、まず、われわれの認識が分別に由来し、現象として顕現する姿かたちとしての「行の相」を見ているということ明かす。そして、それが勝義と不一不異の関係にあることを修行者の視点で説明している。ブッダの教説は様々な説かれ方をされているが、さし示すものは同じ一つの真理である。しかし仏説が単なる言葉として表面的に受け取られ、概念的に理解されている限り、その真理にたどり着くことはない。「勝義諦相品」は真理と教理の間のジレンマを示しながら、思想の本質とは何かを暗示している。

「勝義諦相品」の思想の根幹にある「言語表現し得ない事物(vastu)」が『菩薩地』の思想と関係していること、また「行の相」という概念が五事説の相(nimitta)と通じるものであることは、容易に理解できるであろう。「勝義諦相品」は『瑜伽師地論』の『菩薩地』や「摂決択分」の五事説と同じく、瑜伽行唯識派の古い思想形態を伝えていると考えられる。

心、アーダーナ識、アーラヤ識

さて、「勝義諦相品」では「言語表現し得ない事物(vastu)」という概念が取り上げられていたが、これに続く「心意識相品」は、話題が大きく変わり、心の在り方が主題となる。その冒頭で、ブッダは次のように述べている。

（天・人・畜生・餓鬼・阿修羅・地獄という）六つの生存状態の輪廻において、様々な有情たちは、様々な有情たちの集まりの中で、卵生、胎生、湿生、化生の生起の場に、身体が完成して生じることになる。

その生起の場では、まず以下のような二つの執受（upādāna）がある。拠り所を伴う、肉体的な感官の執受と、相・名・分別に基づく、日常的言語活動である言語表象（prajñapti）の潜在印象（vāsanā）という執受である。この二つの執受に依存して、すべての種子を有する心が成熟し、展開し、増大し、増長し、広大なものになる【8】。

六つの生存状態とは、「六道輪廻」というときの六道にあたるもので、天・人・畜生・餓鬼・阿修羅・地獄の六つをさしている。一方、卵生、胎生、湿生、化生は四生といわれており、生類を生まれ方の点から四種類に分けている。卵生は卵から生まれること、胎生は母胎から生まれることで、これはわれわれにも理解しやすい。それに対して湿生はジメジメしたところから生じることで、ウジなどの発生がこのように理解されているらしい。また、化生は超自然的な力によっ

【8】Lamotte [1935: p.55. V.2]

て生まれることで、天の神々の誕生がこれにあたる。

さて、六道において何らかの出生をすれば、身体を備えて、いずれかの生存の場に生まれてくる。これを前提として、『解深密経』は「二つの執受」という概念について述べている。「執受」とは保持されるものを意味する。

一つ目の執受は、「拠り所を伴う肉体的な感官の執受」と説明されている。この場合の「拠り所」は個々の身体であり、「肉体的な感官」は眼・耳・鼻・舌・身という五感に関わる感覚器官、あるいはその機能である（これを仏教では「根」とよぶ）。したがって、第一の執受は、肉体を拠り所とし、対象を知覚する感官として保持されているものということになる。

一方、二つ目の執受は「相・名・分別に基づく、日常的言語活動である言語表象（prajñapti）の潜在印象（vāsanā）」とされている。「言語表象」は、相（nimitta）・名（nāman）・分別（vikalpa）によって形成される表象のことで、われわれが日常的に経験している世界がこれにあたる。「潜在印象」は唯識の専門用語では「薫習（vāsanā）」といわれるもので、もともとは衣服に焚き込められた香のことだった。唯識思想では、この薫習という語が、対象を認識した際に心にのこる印象の意味で使われるようになる。香木の香りが香木を離れて衣服に染み付くように、対象の認識は印象となって心にとどまる。このような現象を、唯識思想では比喩的に薫習とよんでいる。右の引用文では、これを現代的に解釈して「潜在印象」と訳した。

ただし、単に認識の結果が心にのこることだけを薫習（潜在印象）と言っているわけではない。この概念はインドの死生観である輪廻と密接に関わっている。輪廻とは、死後に再び何か別の生類に生まれ変わることで、この死と生は永遠に続いており、始まりもなく、終わりもない。この輪廻の生存において、前生の行い（業）の潜在印象が心に残り、次の生存の状態に影響を与えている。このように薫習（潜在印象）という概念は輪廻という現象を裏付けるための概念でもある。

ところで、この第二の執受は「相・名・分別」に基づいている。『解深密経』は明言しないが、これは五事説の相・名・分別と関係があるように思われる。この相・名・分別によって起こる言語表象の印象が心に潜在的にのこる。この潜在印象が二番目の執受となっている。

そして、肉体を備えた認知機能と、相・名・分別によって起こった言語表象の印象に関わるすべてを、心は「種子」として具えているという。潜在印象が心に植え付けられる過程を「薫習」といい、その潜在印象が新たな認識の世界を生じる原因となっている状態を「種子」という。「種子」を植え付けられた心が展開することによって、肉体的な認知機能と認識対象としての世界が生じる。またそれは言語化される以前の対象認識である感官知と、相・名・分別に基づく言語が介在した認識の複合によって世界が成り立つことを示唆している。

この直後に『解深密経』は、この「種子を有する心」が、アーダーナ識やアーラヤ識とよばれる認識であると述べている。この場合、「心」と「認識」は同義語と考えられている。『解深密経』に限らず、唯識思想では、認識には身体を保持するはたらき（upādāna）があると考えており、その機能に着目して、心をアーダーナ識と名付けている。また認識が身体に結びついた状態に着目して、アーラヤ識ともよんでいる。この命名は「アーラヤ」という名詞の起源となった動詞に「結びつく」という意味があるとする解釈に由来する。なお、この文脈で『解深密経』は、「心（チッタ）」という術語の語義解釈も行っている。唯識派では、「心」には印象を蓄積するはたらきがあると考えている。これは「心」の原語であるcittaと、「蓄積された」の原語citaの発音の類似性に基づく語義解釈によっている。このような解釈法は「通俗的語源解釈」といわれるもので、言葉遊びの要素があり、厳密な語源の説明ではない。ただし、唯識派は、心または認識に過去の行為の結果が印象として蓄積されると考えているため、教理的にはまったく無意味な解釈というわけではない。

アーダーナ識やアーラヤ識という概念は唯識思想に特有のもので、一般的にはアーラヤ識の方が術語として定着しているが、『解深密経』ではアーダーナ識が主に用いられている。どちらに関する説明も詳しいものではないが、これらが輪廻の生存に関わっていることは間違いない。これに関して特に重要なのは、われわれは「すでに存在する世界」に産み落とされるわけではないということである。前世の潜在印象を引き継ぎながら、その影響でいずれかの生存状態として生まれ、潜在印象が世界を作り出している。その潜在印象の元になっているものは言語表象（prajñapti）であり、その背景には相・名・分別がある。

また、アーダーナ識は複数の認識が同時に起こるための場となっている。伝統的な仏教の教理学では、認識は同時に一つしか起こらないと考えている。例えば、眼の認識が生じているときには、耳などの認識は起こらないとされている。しかし、現実にわれわれは何かを見ながら、音を聞いていたりする。また、意識しなくても、何となく何かを見たり、聞いたりしている。つまり全体的にぼんやりと周囲の状況を捉えている。『解深密経』はこうした状態が可能になるのはアーダーナ識がはたらいているためであると考えている。その様子を、水面に複数の波が同時に起こるさまや、鏡が対象を区別なく映しているさまに譬えている。

三相の定義

「心意識相品」に続く「一切法相品」ではさらに話題が変わって、三相説が説かれる。これは一般的には三性説とよばれるものである。『解深密経』は三相を次のように定義している。

> このうち諸法の遍計所執相は何かと言うと、日常的言語活動の範囲で言語表象するために、諸法の自性や差別として、名称と言語慣習によって定立されたものである。
>
> 諸法の依他起相は何かと言うと、諸法の縁起である。すなわち「これがあることによって、それが生じ、これが生じることから、それが生じる。すなわち無明という縁によって諸行が生じ」ということから「このようにしてこの純大苦蘊が生じることになる」と言うに至るまでのものである。
>
> 諸法の円成実相は何かと言うと、諸法の真如である。諸菩薩は精進とい

う手段によって、また如理作意という手段によって、それを理解し、その理解の修習を成就することによって、また無上正等菩提に至るまで成就する。[9]

【9】Lamotte [1935: pp.60–61, VI.4-6]

難しい専門用語が多用されているが、要するに遍計所執相は言語によって表現されたもの、依他起相は縁起、円成実相は真如ということになる。より詳しく見ると、遍計所執相は、諸法の自性と差別が言語慣習によって設定されたものである。例えば「色」という概念が自性として設定されたもの、それに対して「無常」などの属性が差別として設定されたものである。

これに対して依他起相は条件によって生じること（縁起）という現象であり、原因があるから結果が生じるという道理だが、より具体的には、無明という原因によって行が生じ、最終的には純大苦蘊が生じるという、十二支縁起が語られている。純大苦蘊は十二支縁起の最後に行き着く老いや死のような、もはや苦しみ以外の何ものでもないものを意味している。すなわち、無明に始まり、老死に終わる人間存在を意味している。

最後の円成実相は諸法の真如であり、それは菩薩の精進と如理作意によって理解されるものだが、この引用文では、その後に続く修行の果てに悟りの境地が得られることが暗示されている。真如の意味するものは明確には説明されていないが、すでにみたように「勝義諦相品」では、真如は勝義の同義語であり、現象的な存在の本質であって、言語表現し得ないものであった。

三無自性説と三相説の関係

『解深密経』は、続く「無自性相品」で三種の無自性を説いている。ブッダは「すべての法は無自性であり、すべての法は不生・不滅・本来寂静・自性涅槃である」と説いたとされている。「無自性相品」の冒頭で、ブッダはこの教説の意図について、対告衆である菩薩に質問される。これに対してブッダは「三無自性を意図して、すべての法は無自性であると説いた」と答える。ここで「すべての法」と言われているのは、五蘊・十二処・縁起・四食・四諦・十八界・四念住・四正断・四神足・五根・五力・七覚支・八正道である。これらは、「勝義諦相品」の「一味相」を説く中でも触れられていた。これらの法が無自性であるというとき、三無自性を意図しているという。三無自性とは、相無自性(lakṣaṇaniḥsvabhāvatā)、生起無自性(utpattiniḥsvabhāvatā)、勝義無自性(paramārthaniḥsvabhāvatā)の三つで、これらは三相と対応しているが、必ずしも一対一の関係にはなっていない。『解深密経』によれば、その対応関係は次のようになっている。

①相無自性　遍計所執相：名称と言語慣習によって定立された特徴(lakṣaṇa)だが、固有の特徴(svalakṣaṇa)をもって存在しているものではない

②生起無自性　依他起相：他の条件によって生じたものだが、自身によって生じたものではない

③勝義無自性　❶依他起相：清浄所縁ではないので
　❷円成実相：諸法の法無我が、無自性であり、それが勝義なので[10]

遍計所執相は相無自性に対応しているが、依他起相は生起無自性と勝義無自性の二つの無自性と対応している。一方、円成実相は勝義無自性に対応する。これは依他起相を二つに分けているわけではなく、勝義無自性を、依他起相としての

【10】Lamotte [1935: pp.67–68, VII.4–6]

無自性と、円成実相としての無自性の二通りに解釈していることによる。「勝義無自性」という概念について、「勝義に関して無自性（勝義という自性を欠いている）」とする解釈と、「勝義がすなわち無自性である」とする二通りの解釈がある。一見すると複雑にみえるが、この分け方そのものに深い意味があるわけではない。この一連の説明の中で意味があるとすれば、勝義無自性に関する③の❶の記述の中で「清浄所縁」という術語が用いられていることであろう。

『解深密経』は、この個所でブッダの言葉として「諸法に対する清浄所縁なるもの、それは私（ブッダ）によって勝義であると説示されているが、依他起相は清浄所縁ではないので、したがって勝義無自性（勝義の自性がないという意味での無自性）とされる」と説いている。これは依他起相が清浄所縁でないことを明示すると同時に、清浄所縁は円成実相であることを示唆している。この清浄所縁という概念は「勝義諦相品」で用いられていた術語であり、また「摂決択分」の五事説では真如の本質ともされていた。

三相における「行の相」と「清浄所縁」

「無自性相品」では、他の個所でも三相と三無自性の関係を説明しているが、そこでは依他起相が「行の相（saṃskāranimitta）」、円成実相が「清浄所縁」とされている。当該の個所では次のように述べられている。

> 分別の対象領域であり、遍計所執相の拠り所である行の相（saṃskāra-nimitta）に対して、色蘊という自性としての特徴や、差別としての特徴として、名称と言語慣習によって定立されたもの、……これが遍計所執相であり、それによって、世尊は諸法が相無自性であることを言い表しなさるのです。
>
> 分別の対象領域であり、遍計所執相の拠り所である行の相なるもの、それこそ依他起相です。それによって世尊は諸法が生起無自性であることと、この勝義無自性の一方も言い表しなさるのです。……分別の対象領域であり、遍計所執相の拠り所である、この行の相こそ、この遍計所執相として不完全な本質をもっているのです。
>
> 真実として無自性であること、法無我、真如、清浄所縁（viśuddhyālambana）なるもの、それこそが円成実相なのです。それによって、世尊は諸法が勝義無自性であることの一方を言い表しなさるのです。[11]

【11】Lamotte［1935: p.81, VII.25］

「行の相」は「勝義諦相品」では勝義と同一でも別異でもない関係にあるとされていた。その行の相が、「無自性相品」では依他起相とされ、分別の対象であり、遍計所執相の拠り所であると説かれている。一方、円成実相は法無我、真如、清浄所縁と言い換えられる。

ここに引いた一節には、「勝義諦相品」にみられた「行の相」と「清浄所縁」という術語が用いられている。「清浄所縁」は勝義の言い換えであり、言葉で説かれた諸法のすべてに通じる一味の本質であった。また「行の相」は現象的な存在の姿かたちであり、修行者の視点からみたとき、勝義と異なるとも異ならないともいえないものであった。「行の相」と「清浄所縁」が直接関連付けられることはないが、「勝義諦相品」の文脈を追ってくると、修行者でない凡夫にみえている現象的な存在である「行の相」と、ヨーガ行者の通達の対象である「清浄所縁」の関係を念頭に置いて、三相と三無自性を理解することができる。この二つの概念を中心にして三相と三無自性をまとめると次のようになる。

①遍計所執相　「行の相」に名称と言語慣習によって定立されたもの　相無自性

②依他起相　「行の相」　❶生起無自性

❷勝義無自性
勝義無自性

③円成実相　無自性、法無我、真如、清浄所縁

　これによれば、依他起相が「行の相」であり、円成実相が真如であり、かつ清浄所縁であるということになる。また行の相は分別（vikalpa）の対象でもある。三相説の術語（遍計所執相、依他起相、円成実相）を使っているときには気付かないのだが、これらを「行の相」「清浄所縁（＝真如）」という術語に置き換えて関係を整理すると、「摂決択分」の五事説における相（nimitta）と真如の関係に非常によく似ていることがわかる。

　分別の対象である行の相は、現象的存在の姿かたちであり、日常生活の中で経験されている世界である。それに対して清浄所縁は「勝義諦相品」でみたように、ヨーガ行者の対象であり、勝義、真如、無自性ともいわれる。この行の相と清浄所縁は、それぞれ依他起相と円成実相なのであり、したがって両者の関係は現象的な存在の姿かたちと、その現象の背景にある超言語的な本質と言える。

止観行と唯識無境

「無自性相品」に続く第六章「分別瑜伽品」は、ブッダとマイトレーヤ（弥勒）の問答になっている。両者の問答を通じて止観行の在り方が解き明かされていくが、その中で観行について説く際に、「唯識（vijñaptimātra）」という概念が、はじめて言及される。

まず、マイトレーヤが、観の瞑想で心中に現し出す影像（ようぞう）は、心と異なるのか、それとも異ならないのか、とブッダに尋ねる。するとブッダは、影像は認識表象に過ぎないもの（vijñaptimātra）なので心と異ならないと答える。観の行法において見ている対象は心の中に描き出したイメージなので、心と異ならない。しかし、その場合、心が心を見るということになる。なぜ、心が心を見ることができるのか、マイトレーヤはブッダにさらに質問を投げかける。それに対してブッダは次のように答えている。

「マイトレーヤよ、それはちょうど、物に依存して、曇りのない鏡面に物そのものを見るけれども、『私は影像を見ている』と思うようなものである。この場合、この物と、この鏡に映る影像は別なものとして顕れている。同様に、このようにこの心が生じるとき、三昧の対象である影像というものも、その心と別なものであるかのように顕れる[12]」

ブッダは、鏡に物の姿が映っているときの様子を例にして説明する。例えば、鏡に自分の顔を映しているとき、見ているものは自分の顔の姿そのものであっても、人は鏡に映った影像を見ていると思う。この場合、自分の顔とは別に、鏡の中に影像があると考えている。これと同じように、観の行法によって心中に現し出された影像は、心とは別なものとして捉えられている。このようにして、心が心を見ているという状態が作り出される。

あるいはこの鏡の例は、実際に見ているのは「鏡面」という物なのだが、人は鏡面そのものではなく、その鏡面に映った影像を見ていると思ってしまう、ということを言っているようにも思われる。瞑想中に現われる影像は心によって作り出されるが、修行者にとって、それは心とは別な存在として見えている。このように、心自らが見るべき対象を出現させることがある。しかし実際に見ているものは、心そのものに他ならない。鏡の例はこのような体験を説明するもののようにも思われる。

【12】Lamotte [1935: pp.90–91, VIII.7]

ところで、観の行法の場合は、瞑想修行者が意図的に影像を心中に顕し出している。しかし、心に現われるイメージには、意図せずに自然に起こるものもある。このような場合について、両者の間にさらに問答が交わされる。

「世尊よ、衆生たちにとって、自然に起こっているような、色などとして顕れている心の影像というものがありますが、これもこの心と異ならないのでしょうか」

「マイトレーヤよ、異ならないと言うべきである。マイトレーヤよ、誤った知をもつ者たちはこれらの影像に対して、これが認識表象に過ぎないもの(vijñaptimātra)であると正しくありのままに理解しないので、誤って理解する[13]」

瞑想の際に意図的に現出される影像ではなく、自然に起こってくる心象もまた、心と異ならない。この前段で述べられたように、瞑想中の影像は心の本体とは別なもののように現れるが、実は修行者の心そのものであった。しかし自然に起こってくる心象は、瞑想している修行者の見ているものではない。われわれは、日

【13】 Lamotte [1935: p.91, VIII.8]

常の生活の中で、そのような心象を経験しているが、それが心そのものであり、認識表象に過ぎないことに気づかない。

止観における相と真如

『解深密経』「分別瑜伽品」は、この止観行の実践において、真如を作意することにより、相を除去するということについて述べている。

> 「世尊よ、止観を修習しようとしている菩薩はいかなる作意により、いかなる相（nimitta）をいかにして除去するのでしょうか」
>
> 「マイトレーヤよ、真如を作意することにより、法の相（dharmanimitta）と対象の相（arthanimitta）を除去するのであり、名称に対して名称の自性を認識せず、その場である相を随観しないことにより除去する」[14]

この文脈における相と真如がどのように定義されているのかわからないが、相と真如が対をなしていることは、五事説との関連を思い起こさせる。

【14】Lamotte［1935: p.106. VIII.26］

『解深密経』の思想の底流

「分別瑜伽品」の後には、「地波羅蜜多品」と「如来成所作事品」が続く。前者では菩薩の十地の修行階梯と六波羅蜜が詳しく説かれ、後者では仏の法身の現観などが主題となっている。唯識思想の哲学と瞑想実践の解説の後に、菩薩道と法身の話題が置かれているという構成になっているが、その詳細な内容は本書の範囲を超えているので、ここでは取り上げない。ただし、それは最後の二章が『解深密経』の思想において重要でないということを意味するものではない。

『解深密経』については、各章で主題が異なることなどから、一貫した思想性がないといわれることがある。しかし、本章でみたように、『解深密経』は言語表現し得ない事物（vastu）とそれに関連する行の相（saṃskāranimitta）や清浄所縁という概念、およびそれらと分別の関係が、全体を通じて常に問題になっている。これらは、『菩薩地』「真実義品」の思想や、五事説との関係をうかがわせるものである。『解深密経』の思想の根底に事物や分別という概念があることを踏まえて、心識論や三相・三無自性説を見直す必要があるだろう。

第六章　『大乗荘厳経論』―相と真如と転依―

『大乗荘厳経論』について

『大乗荘厳経論』はサンスクリット語原題を*Mahāyānasūtrālaṅkāra*という。中国でもチベットでも、いわゆる「弥勒の五書」として伝えられているが、「弥勒（マイトレーヤ）」の教説とされているのは偈頌の部分で、散文で書かれた注釈は、中国ではアサンガ（無着、五世紀頃）に、またチベットではヴァスバンドゥ（世親、五世紀頃）に帰せられている。実際の作者が誰だったのかは、はっきりしないというのが実情なのであろう。ただ、アサンガはその著『摂大乗論』で『大乗荘厳経論』の偈頌を引用しているので、アサンガ以前に偈頌部分が流布していたと考えてよいであろう（この引用されている偈頌については、本章でも取り上げる）。『大乗荘厳経論』は明らかに唯識思想を扱っているので、この学派の黎明期にまとめられた作品であろう。

この『大乗荘厳経論』の思想の根幹にあるものは、「大乗仏教は仏説である」ということに尽きる。大乗経典はブッダの直説ではないということから、大乗仏教は仏説ではないとする批判は古くからインドにもあったが、『大乗荘厳経論』にはそれに対する反論が込められている。本来はこの点から『大乗荘厳経論』の思想を解き明かしていくべきだが、話が広がりすぎるので、本書ではこれまでみてきた瑜伽行唯識派の思想が『大乗荘厳経論』とどのように関わっているかという観点でその思想の一部を解説するにとどめる。

『大乗荘厳経論』の相（nimitta）と真如

『大乗荘厳経論』には五事説について明確な記述がない。しかし、第十九章「功徳品」には、『菩薩地』「真実義品」で説かれていた四尋思（しじんし）、四如実知（しにょじっち）が取り上げられており、その中で相（nimitta）と真如の関係を明らかにする一連の偈頌がある。そこに見られる相と真如の関係は五事説のものとよく似ている。そこでは次のように説かれている。

名称と事物（vastu）が互いに偶発的であることに関する考察（尋思）があ

り、また、それらに対する（自性と差別の）二種の言語表象（prajñapti）が、単なる言語表象に過ぎないことについて、考察（尋思）がある。（四十七）[1]

この偈頌では、名尋思、事尋思、自性仮説尋思、差別仮説尋思が簡単に説かれている。「偶発的」というのは、外来的な状態を表し、名称と事物の間には本質的な関係がないことを意味する。『菩薩地』「真実義品」の四尋思についてみたときに述べたが、言語表象（prajñapti）は名称と事物の混合に依存している。『大乗荘厳経論』の散文注釈でも「名称と事物の両者がしっかりと結合しているとき」、自性と差別の言語表象がある、とされている。したがって、名称と事物はたがいに偶発的で、本質的に関係していないが、言語表象は両者が結びついた状態に対して起こる、と考えられている。ちなみにこの偈頌はアサンガの『摂大乗論』（第三章第十六節）に引用されている。

次に四如実知について、『大乗荘厳経論』はまず次のように述べている。

そして、すべてを知覚しないことによって、四如実知が、すべての利益を成就するために、賢明な人々（菩薩）に、すべての地（bhūmi）において生じ

【1】『大乗荘厳経論』第十九章第四十七偈、Lévi [1907: p.168]

る。（四十八）[2]

「すべてを知覚しない」というのは、名称、事物、自性と差別の言語表象のすべてを知覚しないことを意味している。その結果として、賢明な人々である菩薩たちに四つの如実知が生じる。これに続く四つの偈頌の中では、相（nimitta）、真如（tathatā）、分別（vikalpa）という五事説と関連する用語が見られる。

束縛にとって、拠り所としての相（nimitta）、享受物としての相（nimitta）、（それらの）種子としての相（nimitta）がある。一方、（眼などの感覚器官という）基体を伴い、（アーラヤ識という）種子を伴う心・心所が、そこに束縛される。（四十九）

目の前に立てられた相（nimitta）と、自ずから立っている相（nimitta）があるが、すべてを除去しようとしている智慧ある人は、最高の悟りを得る。（五十）

真如（tathatā）を対象とする知は二取（所取と能取）を離れており、麁重身を直観するものであり、それを滅するために、智慧ある人々にあると認め

【2】『大乗荘厳経論』第十九章第四十八偈、Lévi［1907: p.168］

られる。（五十一）

真如（tathatā）を対象とする知は、（相と）異なる様相をもっては現れず、存在することと存在しないこととの意味を直観するものであり、分別（vikalpa）に対し自在と言われる。（五十二）【3】

この一連の偈頌のうち、第四十九偈と第五十偈には「相（nimitta）」という概念が現われる。注釈では第四十九偈の三つの「相」のうち、「拠り所としての相」は器世間、「享受物としての相」は色・声・香・味・触の五つの対象、「種子としての相」はそれら器世間と五つの対象の原因であるアーラヤ識とされている。ちなみに「器世間」とは、われわれを取り巻く環境世界のことをいう。この場合の「相（nimitta）」は束縛の原因という意味が強いように思われる（サンスクリット語の nimitta には「原因」という意味もある）。これに対して、第五十偈の「相（nimitta）」は「目の前に立てられた」ものと「自ずから立っている」ものといわれており、扱いがやや異なるように思われる。注釈ではこれらは「想定されたもの（遍計されたもの）」と解釈されている。第四十九偈の「相」と比べると、第五十偈の場合は言語認識の対象という意味が強いように思われる（これについては

【3】『大乗荘厳経論』第十九章第四十九偈から第五十二偈、Lévi [1907: p.169]

次節で詳述する）。

一方、続く第五十一偈と第五十二偈では、「真如」を対象とする知が解き明かされ、さらに最後にそのような知がもつ「分別」に対する自在性が説かれている。（次々節で詳述する。）

第四十七偈から続く一連の偈頌は、四尋思・四如実知を扱っているが、これは本書の第一章で取り上げた『菩薩地』「真実義品」に由来するものと思われる。また『大乗荘厳経論』はその説明の中で「相」「真如」「分別」という「摂決択分」の五事説の術語を使っている。なお、「正智」という語は使われていないが、「真如を対象とする知」はこれに相当するといえる。本書の第二章で述べたように、五事説は本来は『菩薩地』「真実義品」の「言語表現し得ない事物（vastu）」を分析するための教説であった。こうしたことを考えあわせると、この一連の偈頌の中に「相」「真如」「分別」という語が見られることは偶然ではないように思われる。

「立てられた相（nimitta）」と「自ずから立っている相（nimitta）」

『大乗荘厳経論』は第五十偈で、「相」について、目の前に立てられた相と、自ずから立っている相があると述べる。注釈によれば、目の前に立てられた相とは、聞・思・修の修行（説法を聞くこと、聞いたのちに自分で考えること、瞑想修習の三つの実践）により対象化されたものである。これに対して、自ずから立っている相は、もともと対象となっているものである。注釈は、対象化されたものも、もともと対象となっているものも、「想定されたもの（遍計されたもの）」と言い換える。特に後者に関しては、「自覚なく想定されたもの」としている。「想定されたもの」は三性説の遍計所執性と関わる術語である。つまり、ここでの相(nimitta)は、三性説の遍計所執性にあたることにある。

しかし、ここで重要なのは、相(nimitta)が三性説の遍計所執性と関連付けられていることではない。むしろ、そのような相には、修行者の瞑想によって現し出されたものと、普通の人にとって自然に見えているものがあるということである。修行者によって現し出された相は、ただ見えているものではなく、意図的に見ようとして眼の前に置かれている。それに対して、自然に見えている相は、自覚することなく見えているものであろう。つまりわれわれが経験している通常の認識の状態を表している。『大乗荘厳経論』によれば、このすべてを除去する智者は最高の菩提（悟り）を得るという。

注釈は、相を除去する手段は「無分別(むふんべつ)(akalpanā)」であるとし、さらに除去の順序についても述べている。それによれば、まず現前に置かれた相が除去され、その後、自然にある相が除去される。修行者が眼前に現し出した相は意図的に置かれたものなので、修行者の意志によって除去されるのであろう。それに対して、自然にある相は修行者の意図とは関係なく、もともと見えているものであり、それを除去することは自身が意図的に現出した相を除去するよりも難しいのであろう。順次、除去するというのはそういうことを意味していると思われる。

さらに注釈は、「人の相」を除去しようとするヨーガ行者は声聞(しょうもん)・独覚(どっかく)の悟りを得るとし、それに対して「一切法の相」を除去する修行者は大いなる悟り(大菩提)を得るという。一般的に、声聞は人無我の理解にとどまるが、大乗の菩薩は一切法の無我の悟りを目指している。この注釈によって、目の前にあるものとしての相は、人の姿として見えているものと、法という形で見えているものが含まれていることがわかる。第五十偈で言う「すべてを除く者」はすべての法を除去する修行者であり、その人は「最高の悟り」すなわち大菩提を得ることになる。

真如を対象とする知

次の第五十一偈では真如を対象とする知が話題の中心となる。真如を対象とする知は所取（認識されるもの）と能取（認識するもの）の二つを離れているという。所取と能取は唯識思想の専門的な術語で、「色」などのような認識対象のことを「把捉されるもの」という意味で「所取」といい、眼識などの認識を「把捉するもの」という意味で「能取」という。

注釈によれば、真如を対象とすることによって、円成実性（完成された自性）を理解し、二取（所取と能取）を離れていることによって、遍計所執性（誤って想定された自性）を理解し、さらに「麁重身」（粗大な身体）を直観することによって、依他起性（他に依存する自性）を理解する。真如を対象とする知は、この「麁重身」を壊滅するために作用する。注釈では「麁重身」は、アーラヤ識と言い換えられている。つまり、真如知により、アーラヤ識が除去される。

『大乗荘厳経論』のアーラヤ識

この一連の偈頌には「アーラヤ識」という術語はみられないが、注釈では何度か言及されている。「アーラヤ識」は唯識思想特有の概念で、一般的には認識の深層と理解されている。これまでの偈頌の注釈では、第四十九偈の「種子」を

「アーラヤ識」とし、器世間と認識対象の原因として解釈している。また前節でみたように、第五十一偈の「麁重身」という概念もアーラヤ識と言い換えられている。

『大乗荘厳経論』のこの個所ではアーラヤ識とは何かという明確な説明はないが、これまでの内容から人間を取り巻く環境（器世間）と、その中にある認識対象の原因であることが読み取れる。つまりわれわれが身をおく世界はアーラヤ識という原因から現れ出ている。そして、心・心所（一般的に心は「識」、心所は「様々な心理作用」とされる）はその環境と対象としての相に束縛される。この心・心所は眼などの肉体的な感覚器官を備えており、アーラヤ識はそれら心・心所の原因ともなっている。つまり、環境世界と認識対象は、心の中にある種子（しゅうじ）としてのアーラヤ識から出現するのだが、心はいわば自らが作り出した環境世界と認識対象に束縛されるということになる。

アーラヤ識は深層心理、下意識、潜在意識などと解釈されることもあるが、ここでは現代の心理学との関係には触れない。いまは記述されていることに従って、アーラヤ識がどのように理解されているかを考える。存在するものは、ある意味では認識されているものであり、認識されたから、存在すると判断できる。この場合、眼で見ようとしている対象や、見ていることを自覚している対象は、「そこに存在するものとして見られている」と言える。しかし、このような場合、見ようとしていない対象や、見ていることを自覚しない対象も、同時に認識されている。例えば、「瓶が置かれている」という状況を考えると、「瓶が置かれている場所」などは、自覚しないが見えているものといえる。この場合、もし「存在する」という判断を可能にするのが「認識していること」だとすると、見ているという自覚がないままに見えているものが、なぜ存在するといえるのか説明できない。

『大乗荘厳経論』の一連の偈頌の注釈では、「器世間」の存在の原因をアーラヤ識とし、心・心所がそこに束縛されているとする。また「自ずから立っている相」が「自覚なく想定されたもの」といわれている。こうした心の状態は、見ようとしないけれども見えているもの、感官知によって捉えようとしないけれども、感じられているものの存在を、アーラヤ識によって意味付けていると考えられる。

『大乗荘厳経論』の転依

第五十偈では相（nimitta）が除去されるが、その場合の相は修行者によって眼前に立てられたものと、自覚のないままに自ずから立っているものとがある。智慧ある菩薩たちによって、まず前者が除かれ、次いで後者が除去される。ここで除去される相は認識の対象となっているものであり、第四十九偈で説かれていた「享受物としての相（nimitta）」にあたる。この「享受物」は、所取（認識の客体）と能取（認識の主体）でいえば、所取に相当する。この所取が取り除かれると、対象を失った能取（認識の主体）も除去される。これが第五十一偈でいう「二取を離れた」もの（知）であり、それが「真如を対象とする知」とよばれる。

そして、同じく第五十一偈によれば、この真如を対象とする知は麁重身を直観する。第四十九偈では「拠り所（環境世界）」と「享受物（認識対象）」に加えて「種子（原因）」が相（nimitta）であった。この種子はアーラヤ識と解釈されるが、第五十一偈の「麁重身」もまたアーラヤ識である。つまり所取・能取を除去することで、三つの相（nimitta）のうち、「享受物」は除かれるが、「種子としての相（nimitta）」、すなわちアーラヤ識と「拠り所としての相（器世間）」がのこされている。第五十一偈で、真如を対象とする知は「麁重身」を直観し、それを破壊するという。この麁重身はアーラヤ識と解釈されているので、真如を対象とする知はアーラヤ識を滅することになる。これにより、第四十九偈の三つの相

(nimitta) のうち、アーラヤ識にあたる「種子としての相」が滅する。

一般に相（nimitta）と麁重は対をなす概念であり、それぞれが束縛を生む。それを相縛、麁重縛という。現前に立てられた相を除き、自ずから立っている相を除去して相縛を離れ、さらにあらゆる存在の原因である種子であり、かつ麁重身であるアーラヤ識を滅する。

第五十二偈は、アーラヤ識を滅した後、真如と相を異ならないと見る境地について述べている。菩薩は真如を離れて相を見ず、相こそが無相であると見る。このとき、菩薩は実在する対象である真如に対する直観と、実在しない対象である相に対する分別（vikalpa）の自在性を得る。

真実を覆い隠し、愚者たちには真実でないものがあらゆる点で現れる。一方、それを取り去って、菩薩たちには真実があらゆる点で現れる。（五十三）

非存在の対象と存在する対象が、（それぞれ）顕現しないことと顕現することが転依であると理解されるべきであり、思いのままであるから、それが解脱である。（五十四）

大いなる境界は相互に同類のものとしてあらゆる点で現れるが、障害とな

る。したがってそれを正しく理解し、捨て去らねばならない。（五十五）[4]

第五十三偈では、大乗の菩薩と凡夫（愚者）が対比的に描かれる。凡夫にとって真実は覆い隠されており、真実ならざるもの、すなわち真如ならざるものである相（nimitta）があらゆる点で顕現している。それに対して、菩薩たちにとっては真実のみがあらわれている。そして、第五十四偈で、実在しない相（nimitta）が顕現しなくなり、実在する真如が顕現することが「転依（āśrayaparāvṛtti）」であることが明かされる。この転依はすなわち解脱であるという。この境地に至り、自然に何もせずとも相（nimitta）が顕れなくなるので、自身の心の自在性を得て、自立的な存在となる。

最後の第五十五偈で、如実知が仏国土を浄化する手段であることが明らかにされる。転依に達した菩薩にとっても、彼を取り巻く環境世界（器世間）は、相互に対等な、また大きなものとして顕現する。そのような顕れ方をする環境世界という対象は、仏国土の清浄を実現するための妨げとなるので、それを理解し、環境世界として顕れているものを捨て去らなければならない。かくして、自身にとっての認識対象を除き、自身の麁重を除いて転依を得たのちに、「拠り所として

【4】『大乗荘厳経論』第十九章第五十二偈から第五十三偈、Lévi［1907: pp.169–170］

の相（nimitta）」である環境世界（器世間）が仏国土の浄化の妨げとなっていることを理解し、それを取り除かなければならない。

本章で取り上げた一連の偈頌では、『菩薩地』「真実義品」に遡る四尋思・四如実知の考察から始まり、「摂決択分」で説かれた五事説を踏まえ、それが大乗菩薩の修行道と関連付けられながら、転依に至るまでを簡潔にまとめている。同時に、注釈では三性説とアーラヤ識説にも言及しており、瑜伽行唯識派の思想の要素が凝縮されている。

第七章 『中辺分別論』――虚妄分別と空性――

『中辺分別論』について

『中辺分別論』は原題を *Madhyāntavibhāga*（または *Madhyāntavibhaṅga*）という。「中」は中道、「辺」は両極端のことで、「中道と極端に関する分析」を意味する。中国でもチベットでも「弥勒の五書」の一つとして伝承されている。偈頌と散文注釈からなり、偈頌がマイトレーヤ（弥勒）菩薩に、注釈がヴァスバンドゥ（世親）に帰せられている。ただし、マイトレーヤは兜率天の菩薩であり、実在の人物とは考えられていない。また注釈もヴァスバンドゥの真作とする根拠があるわけではない。偈頌の部分は、アサンガ（無着）の『摂大乗論』に引用されているので、アサンガ以前の成立であるとみなして差し支えない。このように『中辺分別論』をめぐる状況は『大乗荘厳経論』のそれとよく似ている。アサンガやヴァスバンドゥの活躍に先立って成立していた文献であろう。

この文献の漢訳は、真諦（パラマールタ、六世紀）によるものと、玄奘（七世紀）のものがある。*Madhyāntavibhāga* という原題を、真諦は『中辺分別論』、玄奘は『弁中辺論』と訳している。一般的には『中辺分別論』という呼称が定着しているように思われるので、本書でもこれを使う。また偈頌に対して、散文の注釈をさす場合には、単に「注釈」と呼ぶと分かり難いので、いわゆるヴァスバンドゥ（世親）に帰せられている注釈という意味で「世親釈」と呼ぶことにする。便宜上の呼び名であって、注釈部分をヴァスバンドゥの真作とみなすという意味ではない。

　さて、この『中辺分別論』の主題は空思想の解釈にある。「空」という場合、非存在として受け取られることがあるが、瑜伽行唯識派の空性解釈では、「あるもの《甲》が、あるもの《乙》において空である」という場合、甲は存在しないが、乙は存在すると考える。すなわち「空」を二項間の関係として捉えており、乙が甲を欠いている状態を空と呼んでいる。後で詳しく述べるように、『中辺分別論』の場合は、所取（認識の客体）と能取（認識の主体）が、虚妄分別において存在しない状態を空と解釈している。

空性と中道

『中辺分別論』の第一章「相品」では、冒頭で次のように述べられている。

虚妄分別はある。そこに（所取と能取の）二つはない。しかし、そこに空性はある。また、そこ（空性）において、それ（虚妄分別）はある。（第一偈）

（空性も、虚妄分別も）空ではない、けれども（所取と能取の二つは）空でないわけではない。したがって、すべてのもの（虚妄分別と、空性）が確定される。（虚妄分別は）存在するので、（所取と能取の二つは）存在しないので、（虚妄分別における空性と、空性における虚妄分別は）存在するので。そして、それが中道である。（第二偈）[1]

まず初めに、「虚妄分別（abhūtaparikalpa）」というものの存在が明らかにされる。ここでは、それが何で、なぜ存在するのかということは語られず、すでにあるものとして宣言されている。「世親釈」によれば、これは所取と能取の分別（vikalpa）とされる。「所取」は把捉されるもの、「能取」は把捉するもので、認識対象（認識の客体）と認識者（認識の主体）を意味する。それらが、虚妄分別に

【1】『中辺分別論』第一章、第一偈・第二偈、Nagao [1964: pp.17-18]

おいて存在しないことが空性であるという。「空（śūnya）」という概念は、「何かを欠いている」ということを意味する。この「欠落状態」を「空性（śūnyatā）」という（文法的には、śūnya（空）は形容詞で、śūnyatā（空性）はその抽象名詞である）。この欠落状態としての「空性」を「世親釈」は次のように説明する。

このようにあるもの《甲》が、あるもの《乙》に存在しない場合、「乙は甲に関して空である」とありのままに観察する。しかし、そこに残っているものがある。「それはここに存在している」とありのままに理解する。[2]

この一節は『小空経』という阿含経典からの引用であることが知られている。《甲》は存在しないのに対して、《乙》は存在しており、《乙》という場において、《甲》が存在しないこと、すなわち《乙》は《甲》を欠いていること、これを「空性」という。この場合、《甲》は「存在しない」という意味で「空」であり、一方、《乙》は「《甲》を欠いている」という意味で「空」である。《甲》と《乙》という二者の間に成り立つ状態が「空性」である。右に引用した一文は、瑜伽行唯識派の考える「空性の定義」ともいえる。

【2】 Nagao [1964: p.18]

『中辺分別論』では、所取と能取が《甲》に、虚妄分別と空性が《乙》に相当する。この虚妄分別の中に「把捉するもの（能取）」と「把捉されるもの（所取）」が現れ、主体と客体よりなる認識の構造が形成される。しかし、この主客よりなる認識の構造は虚構であり、所取と能取は存在しない、と『中辺分別論』はいう。『中辺分別論』は、存在と非存在を単純に相反する概念として捉えていない。存在において非存在が成り立ち、非存在という状態の中に存在があるという。存在にしろ、非存在にしろ、極端なものの捉え方であり、いずれか一方だけを絶対的な真実とすると矛盾が生じる。むしろ存在と非存在は相対的なものであり、「あるもの《甲》（存在しないもの）が、あるもの《乙》（存在するもの）において存在しない」といわなければならない。存在という極端にも、非存在という極端にも偏向せず、両者が同時に成り立つ状態が『中辺分別論』の考える空性であり、それを中道（madhyamā pratipad）と呼んでいる。

空性を中道と捉えるとき、空性は単に「何かを欠いている」という状態ではなく、実践的な意味を持つようになる。二つの極端を離れる実践（pratipatti）としての中道は、『中辺分別論』第五章「無上乗品」の第二十三偈から第二十六偈で詳しく述べられ、様々な二項対立の超克が語られる。例えば、別異性と同一性、外道（異教徒）と声聞（仏弟子）、増益（存在しないものを存在すると思い込むこと）と損減（存在するものを存在しないと思い込むこと）、人と法などが対立する両極であり、その中には所取と能取も含まれている。

「虚妄分別」とは何か

話を第一章「相品」に戻す。虚妄分別が存在し、所取と能取が虚妄分別において存在しないことが空性であるとすると、その虚妄分別とはそもそも何かが問題になる。続く第三偈と第四偈で、それは認識（vijñāna）であることが示される。

> 対象（artha）・有情（sattva）・我（ātman）・認識機能（vijñapti）としての顕現（ābhāsa）を伴う認識が生じる。しかし、それ（認識）には対象（artha）が存在しない。それ（対象＝所取）が存在しないので、それ（認識＝能取）も存在しない。（第三偈）
>
> 　したがって、それ（認識）が虚妄分別であることが証明されたことになる。そのように（顕現しているように）存在するからではなく、あらゆる点で存在しないからではない。それが滅することによって、解脱があると認められ

る。（第四偈）[3]

第三偈と第四偈は、唯識の構造に関わる難しい内容を説明しているにもかかわらず、記述が簡潔で分かり難い上に、術語の使い方が非常に紛らわしい。また第一偈・第二偈との関係を正確に理解しないと、論述の意図をつかみにくい。

まず第三偈では、対象などの「顕現を伴って、認識が生じる」と述べられているが、第四偈では「その認識が虚妄分別であることが証明された」といわれている。つまり、『中辺分別論』は、認識が虚妄分別であることを証明しようとしているのであり、単に「認識が顕現を伴って生じる」ということを説明したいわけではない。この『中辺分別論』の意図を理解しないと、第三偈と第四偈の意味はわからない。

虚妄分別は、第一偈でその存在が宣言されている。それは「虚妄分別は存在する」という命題の提示ともいえる。虚妄分別の存在は、『中辺分別論』の唯識思想の基礎となっている。したがって、その存在が証明されなければならない。そのために『中辺分別論』は、認識が虚妄分別であるということを論証し、それによって虚妄分別の存在を証明しようと試みる。認識は五蘊（うん）のひとつであり、仏教

【3】『中辺分別論』第一章、第三偈・第四偈、Nagao［1964: pp.18-19］

思想において、その存在は否定されないので、認識が虚妄分別であれば、虚妄分別の存在が証明されたことになる。こうした思惑をもって、第三偈では認識の構造の虚構性が説明されている。以下では、その証明の手順を追っていく。

虚妄分別の存在の証明

まず、認識は、「対象」「有情」「我」「認識機能」という顕現（ābhāsa）を伴っている。その具体的な内容は、次のようになる。

対象　：色・声・香・味・触・法（六境）
有情　：眼・耳・鼻・舌・身（五根）（五根を具えた自己と他者）
我　：染汚意
認識機能　：眼識・耳識・鼻識・舌識・身識・意識（六識身）

右に列挙したような「対象」などとしての「顕現を伴う認識」が生じるのだが、この部分を原文に忠実に訳すと「顕現を有する認識が生じる」となる。つまり、「顕現」は認識内部の現象であり、「対象などとして顕現している認識」と解釈できる。

このうち、まず「対象として顕現している認識」とは、色・声・香・味・触・法として顕現している認識である。

これに対して「有情として顕現している認識」はやや複雑な構造をしている。「有情」とは基本的には人間を意味している。この「有情」という概念は、自己と他者の眼・耳・鼻・舌・身という肉体的な五つの感官（五根）よりなる存在に対して適用される。『中辺分別論』では、これら五根も認識の中の顕現である。したがって、まず認識が五根として顕現し、それに対して「有情」という概念が適用されるという二重の構造をもっている。

次の「我として顕現している認識」は「染汚意（ぜんまい）」とよばれる特殊な認識である。染汚意は単に「意（マナス）」ともよばれる。唯識思想に特有の認識で、これがあるために自我意識が生じる。後述の六識の中の意識と区別するために第七マナ識とよばれることもある。

最後の「認識能力として顕現している認識」とは、六識のことで、眼識・耳識・鼻識・舌識・身識・意識である。これらは眼などの感覚器官（根）に基づき、それぞれに対応した色などの対象（境）を認識する。

このように認識は対象・有情・我・認識機能として顕現するが、顕現はあくまで認識の中の現象であり、認識を離れては存在しない。したがって対象は実在しない。すると対象を認識するものとしての認識は存在意義を失う。しかし、認識は完全に存在しないわけではない。われわれは実際に対象や有情の存在を経験している。その経験自体は否定しようがない。『中辺分別論』の「世親釈」はそのような経験を「迷乱に過ぎないもの（bhrāntimātra）」といっている。迷乱に過ぎないものはあるので、すべてがまったく存在しないとは言えない。したがって、対象などとして顕現している認識は虚妄分別であるということになる。

こうして対象などとして顕現している認識は、虚妄分別であることが証明される。これにより、冒頭の「虚妄分別は存在する」という命題も証明されたことになる。この虚妄分別の存在は、単に対象がなくとも認識が生じることを経験しているという事象を説明するものではない。第四偈の終わりに「それが滅することによって、解脱があると認められる」とあるように、虚妄分別の存在が、輪廻の束縛と、輪廻からの解脱を裏付けるものとなっている。これがなければ、束縛も解脱もないことになり、煩悩による汚染とその浄化も意味を失ってしまう。このように虚妄分別の存在は、単なる認識論的な意味を超えて、実践としての中道の意義と密接に結びついている。

『中辺分別論』の三性説

虚妄分別は三性説とも深く関っている。虚妄分別のみが存在するのだが、実際にわれわれは対象の認識を経験している。このような状態を説明するために三つの存在様態としての三性が説明される。

> 所遍計（kalpita）、依他起（paratantra）、円成実（parinispanna）が、対象ゆえに、虚妄分別ゆえに、（所取と能取の）二つの非存在ゆえに、説き示された。（第五偈）[4]

この偈頌は分かり難いが、「世親釈」は次のように解説する。「対象・有情・我・認識機能」は実在しないが、それらは「遍計所執（誤って想定されたもの）（parikalpita）」として存在している。一方、虚妄分別は存在しているが、その本質は認識であり、縁起するものなので、「依他起（他に依存したもの）（paratantra）」として存在する。さらにこの虚妄分別において、所取と能取が存

【4】『中辺分別論』第一章第五偈、Nagao［1964: p.19］

在しないこと、すなわち空性が「円成実（完成されたもの）(pariniṣpanna)」として存在する。

ここにおいて、依他起性が虚妄分別として位置付けられる。『中辺分別論』はこの虚妄分別が三界の心・心所であるという。

> 虚妄分別は、三界に関わる心・心所である。このうち、対象を見るものが認識であり、一方、心所はその（対象の）差別に対するものである。（第八偈[5]）

三界は欲界・色界・無色界よりなり、これによって全世界を包摂する。虚妄分別はこの三界全体に関わる。「心・心所」のうち、心は認識であり、対象そのものを見るはたらきを表している。この認識は「原因としての認識(pratyayavijñāna)」と「享受するもの」に分けられる。原因としての認識は、そこからすべての認識が生じる元になるもので、「世親釈」では「アーラヤ識」と言い換えている。「享受するもの」はそのアーラヤ識から生じるもので、「転識(pravṛttivijñāna)」という。これは活動的な認識という意味で、対象を認識する

【5】『中辺分別論』第一章第八偈、Nagao [1964: p.20]

六識に相当する。これに対して「心所」は受（感受作用）、想（観念化作用）、行（情動・思考など）を表し、これらによって対象の差異を見る。ここにおいて、虚妄分別が、単なる認識ではなく、あらゆる心理作用を包括する精神活動の複合体であることが明らかにされている。

空性の雑染と清浄

『中辺分別論』第一章「相品」の後半は空性の説明となる。その第十三偈では空性の定義が次のように述べられている。

> 実に（所取と能取の）二つの非存在と、非存在の存在が、空の特徴である。存在でもなく、非存在でもない。（空は虚妄分別と）別であることを特徴とするものでもなく、同一の特徴をもつものでもない。（第十三偈）[6]

所取と能取が存在しないこと、しかし、その非存在は存在することが空性である、という。虚妄分別を離れて空性はなく、しかしまったく同一でもない。これはすでに第二偈で述べられていたことでもある。しかし、『中辺分別論』におけ

【6】『中辺分別論』第一章第十三偈、Nagao［1964: p.23］

る空性は、虚妄分別と所取・能取の関係性を単純に描写するものにとどまらない。虚妄分別という精神活動の総体から離れては存在しない空性は、心の状態である煩悩とも深く関わることになる。『中辺分別論』は、第十六偈で次のように述べている。

（空性は）汚染されたものと、浄化されたものがある。それは有垢と無垢であるので。水界、金、虚空の浄化のように、浄化があると認められる。（第十六偈）[7]

ここからわかるように、『中辺分別論』は虚妄分別という人間の存在の中核にあるものの状態を明らかにしようとしている。空性は虚妄分別そのものでもないが、虚妄分別を離れて存在するものでもない。空性は虚妄分別の状態を表しているのである。言い換えれば、それは人間の心の問題であり、そのため穢れと浄化に深く関わっている。したがって空性は「有垢」となることもある。しかし、濁った水が浄化されるように、また土塊の中から金が取り出されるように、あるいは大気が澄み渡るように、心の穢れが除かれれば、煩悩を離れた状態の空性が実

【7】『中辺分別論』第一章第十六偈、Nagao［1964: p.24］

現される。このような空性の穢れと浄化について、『中辺分別論』は次のように述べている。

もし、それ（空性）が汚されていなかったとしたら、身体をもつすべての人たちはすでに解脱していることになるだろう。もし、それ（空性）が浄化されないとしたなら、努力は果報がないことになるだろう。（第二十一偈[8]）

もしも空性が汚されていないなら、人はすでに解脱していることになる。またもし、空性が浄化されないとしたら、努力しても果報が得られない。空性に汚れがないということは、虚妄分別としての心が汚されていないことになる。すると肉体をもって存在している人間がそもそも解脱していることになってしまう。一方、空性が浄化されることがないとしたら、煩悩を除去する修行に努める意味はなくなる。

最後に、『中辺分別論』は空性の穢れと浄化が、心の本質に関っていることを述べている。

【8】『中辺分別論』第一章第二十一偈、Nagao [1964: p.26]

それ（空性）は、穢されているわけではない、けれども穢されていないわけでもない。浄化されているわけではなく、浄化されていないわけでもない。心は澄明なので。（また）煩悩は外からやってくるので。（第二十二偈）[9]

心はもともと澄明なものであるので、空性は穢されているわけではなく、浄化されていないわけではない。しかし、心に対する穢れが外部からやってくるので、空性は穢されていないわけではなく、浄化されているわけでもない。ややこしい言い回しだが、要するに本来の心は澄明であり、穢れのない清らかなものだが、偶発的な煩悩によって穢されているため、まだ浄化されていないのである。肝心なことは心というものが穢れているわけでもなく、かといって清らかな状態にあるわけでもないということである。『中辺分別論』の基本的な考え方である両端を離れるというものの見方が、心の状態の説明にも反映されているのであろう。

【9】『中辺分別論』第一章第二十二偈、Nagao［1964: p.27］

菩薩はなぜ実践するのか

その空性に対して、菩薩は実践する。その目的は善なる有為法（作られたもの）と無為法（作られたのではないもの）を得るためであり、また常に有情を利益するために、そしてそのために輪廻を離れないためである。これは第十八偈と第十九偈で詳しく述べられる。

善なる有為と無為を得るために、常に有情を利益するために、輪廻を捨てないために、善を尽きさせないために。（第十八偈）

種姓（本性）を浄化するために、相好を得るために、ブッダの教法を浄化するために、菩薩は取り組む。（第十九偈）[10]

空性というものが単なる認識の状態の分析ではなく、心の浄化に関わる実践として位置付けられている。利他行として、有情利益のために輪廻にとどまること（第十八偈）と、自利として自分自身の悟りの資質を浄化し、ブッダの教法を浄化するために（第十九偈）、虚妄分別における空性の体現が求められている。このように、『中辺分別論』では、空性という一見すると分かり難い思想が、心の問題や中道の実践、自利と利他行に結び付けられている。

【10】『中辺分別論』第一章第十八偈・第十九偈、Nagao [1964: pp.25-26]

『中辺分別論』の五事説

最後に『中辺分別論』における五事説について触れておく。『中辺分別論』の第一章第八偈では、「虚妄分別は、三界に関わる心・心所である」と述べられていた。この言い方は『瑜伽師地論』「摂決択分」で五事の一つとしての分別を「分別は三界の心・心所である」と定義していたことを思い起こさせる。

しかし、『中辺分別論』での五事説の扱いは、単に五事の各要素を列挙し、三性説と関連付けるにとどまっている。『中辺分別論』では三性説が中心に置かれ、五事説は付随的に扱われているに過ぎない。『中辺分別論』第三章「真実品」で次のように述べられている。

> 相と分別と名については二つ（遍計所執性と依他起性）による包摂がある。正智と真実については、ただ一つ（円成実性）による包摂がある。（第三章第十三偈）[11]

相と分別と名は遍計所執性と依他起性に、正智と真如（偈中では「真実」）は円成実性に関係付けられているだけで、それ以上のことは何も述べられていない。

【11】『中辺分別論』第三章第十三偈、Nagao［1964: pp.42–43］

『大乗荘厳経論』では五事説と関連する思想が取り込まれ、最終的に転依を経て、清浄仏国土の実現という修行に結び付けられていたのに対して、『中辺分別論』では思想の中心が三性説に移っているように思われる。

第八章　『摂大乗論』―アーラヤ識の存在証明―

『摂大乗論』について

唯識思想の大成者の一人であるアサンガ（無着、五世紀頃）は、『阿毘達磨集論』『顕揚聖教論』などの著作を残しているが、『摂大乗論』はその中でも代表作と言える。原題は *Mahāyānasaṃgraha* といい、「大乗仏教総論」のような意味である。実弟のヴァスバンドゥ（世親、五世紀頃）に帰せられる注釈と、さらにそれに対するアスヴァバーヴァ（無性、六世紀頃？）の複注がある。アサンガの本論は、中国では六世紀から七世紀にかけて、佛陀扇多（六世紀前半？）、真諦（六世紀）、玄奘（七世紀）によって繰り返し翻訳された。ヴァスバンドゥの注釈も真諦の訳出以降、都合、三回訳されているほか、アスヴァバーヴァの複注が玄奘によって訳されている。そのほか、チベットでも本論、注釈、複注がチベット語に翻訳されているほか、著者不明の注釈がチベット語訳でのみ伝わる。[1]

【1】長尾［1982: pp.48–55］

『摂大乗論』の論述の特徴

これまで本書では、原典に基づく思想の解説を心がけてきたので、できるだけ原文に忠実な和訳を示すようにしてきたが、この章では厳密な引用文は提示しない。『摂大乗論』はサンスクリット語原典が現存しないため、チベット語訳と漢訳に基づいて内容を吟味し、原典の意図を探らなければならない。そのためチベット語訳にせよ、漢訳にせよ、サンスクリット原典の意図を明らかにするために、補足や解釈を加えながら訳さざるを得ない。原典読解の資料であればそれでよいが、語学的な解説に偏重してしまい、文章が読みにくくなるため、本書の趣旨にはなじまない。

また、翻訳文の提示を避ける理由はもう一つある。それは『摂大乗論』の論述の特徴に関係している。以下では、この点について説明する。

『摂大乗論』は、外界の対象は実在しないという唯識思想に基づいて、アビダルマとよばれる伝統的な仏教学と、大乗仏教の思想および実践を包括的に体系化しようとしている。この『摂大乗論』の目論見は、唯識思想に特有の概念である「アーラヤ識」の存在証明を前提としている。しかし、アーラヤ識はアビダルマの教学で認められていないだけでなく、大乗仏教のもう一つの有力な思想潮流である中観（ちゅうがん）思想によっても受け入れられていない。そのため、『摂大乗論』の著者であるアサンガは、アーラヤ識の存在を証明することにかなりの労力を費やし、様々な論述を駆使している。その一例が「通俗的語源解釈」である。

通俗的語源解釈とは、サンスクリット語の単語の発音の類似性などに基づいて、本来は直接関係がないはずの単語同士の意味を、都合よく結び付けていく解釈方法であり、インドの文献にはよくみられる。いわば、駄洒落のようなもので、術語の由来を厳密な根拠に基づいて説明するものではなく、半ば強引なこじつけになっていることが多い。もし原文を忠実に翻訳して示すと、この通俗的語源解釈を本書の読者に説明するために、サンスクリット語の発音などを一々、記さなければならないことになるが、それではかえって議論の筋道が分かり難くなる恐れがある。

こうした事情を踏まえて、本章では通俗的語源解釈に関する説明は必要最低限にとどめ、原文の厳密な翻訳を示すのではなく、思想の要点を文脈にそって提示するようにする。

『摂大乗論』の構成と主題

『摂大乗論』は序論を除くと、全十章よりなる。その構成を玄奘訳によって示すと次のようになっている。

序　章　綱要分（序論）
第一章　所知依分（アーラヤ識説）
第二章　所知相分（三相説）
第三章　入所知相分（唯識への悟入）
第四章　彼入因果分（六波羅蜜）
第五章　彼修差別分（菩薩の十地）
第六章　増上戒学分（戒）
第七章　増上心学分（定）
第八章　増上慧学分（慧）
第九章　果断分（声聞乗の解脱）
第十章　彼果智分（仏身）

『摂大乗論』は第一章「所知依分」でアーラヤ識の解説から始まる。続く「所知相分」は三相説（三性説）の解説となっている。一般的には三相、または三性は遍計所執、依他起、円成実の順に説明されるが、『摂大乗論』では依他起から説明を始める。依他起相はアーラヤ識と関連する要素なので、依他起相から説き始めるのは、『摂大乗論』がアーラヤ識の存在に重きを置いていることと関係していると思われる。そして、第三章「入所知相分」で唯識への悟入が説かれる。ここまでが瑜伽行唯識派に特有の思想を解説する部分であり、第四章以降は大乗菩薩の実践に関する内容となっている。『摂大乗論』では、大乗菩薩の実践が唯識の理解に基づいてなされることを説いており、唯識が単なる哲学的な思想ではなく、菩薩道と深く関わっていることを示している。なお、本書では唯識思想の内容に直接関わる第一章から第三章までを取り上げる。

八識説の概要

仏教では人間を構成する要素を、色・受・想・行・識の五蘊（ごうん）として分析する。そのうち認識に関する要素を「識蘊」という。この識蘊について、伝統的なアビダルマの教学では六種の認識に分けている。これを一般に「六識説」とよんでいる。六識とは眼・耳・鼻・舌・身・意の六つの感覚器官（これを仏教用語では「根」という）に基づく認識であり、それぞれ眼識・耳識・鼻識・舌識・身識・意識という。これらの認識については人間がそのはたらきを自覚することができる。

唯識思想ではこの六識に加えて、「アーラヤ識」と「マナス」という認識が存在すると考えている。アーラヤ識とマナスは、ひと言で言えば、それぞれ下意識と自我意識に相当する。このように瑜伽行唯識派の考え方によれば、認識は八種類になる。これを「八識説」とよんでいる。なお、眼識などの六識を、瑜伽行唯識派の用語では「転識」という。活動的な認識という意味である。

ところで、転識（六識）の中の「意識」の「意」と、唯識思想に特有の認識であるマナスは、サンスクリット語ではいずれも「マナス」という。そのため、漢訳では混同を避けるため、転識としての意識を「第六意識」とよぶことがある。一方、マナスは漢訳では「末那識」と音写して訳されることがある。また、第六意識に対して「第七末那識」ともよばれる。さらにマナスは、後述するように自我意識に関わる煩悩によって汚されているという性質があるため、「染汚意」とよばれることもある。本章では、六識説の意識を「第六意識」、自我意識としてのマナスをカタカナで「マナス」と表記することにする。

さて、アーラヤ識とマナスという二つの特殊な認識のうち、マナスはいわゆる自我意識であり、「自分」という表象を作り出す。その対象はアーラヤ識とされており、アーラヤ識を感得して「自我である」と認識している。一方、アーラヤ識は深層の認識であって、そのはたらきは人間には自覚できない。マナスはアーラヤ識を対象としているが、それを「アーラヤ識である」と認識しているわけではなく、あくまで「自我である」と誤認している。

このようにアーラヤ識とマナスは認識対象とそれを認識するものという関係にある。しかし両者の関係は対等ではなく、アーラヤ識の方がより本源的な存在である。そもそも、このアーラヤ識は眼識などの六識と自我意識であるマナスを生み出す根源と考えられている。また同時に色（しき）などの認識対象の表象を現し出す原因を秘めているとされる。つまり、われわれが存在し、認識している世界はすべて、アーラヤ識から現れ出たものと考えられている。さらに、輪廻の中では、アーラヤ識は前世の生存が終わったあと、次の生存において新しい肉体に宿り、あらたな生において認識の機能とその対象を生み出すはたらきをする。輪廻というインド思想に特有の死生観を前提としてはいるが、アーラヤ識はわれわれの生存の根源ともいえる。

『摂大乗論』におけるアーラヤ識

八識説の概要は右でみたとおりだが、その中でもアーラヤ識という存在が最も重要で難しい。アーラヤ識について、アサンガは『摂大乗論』において、様々な角度から論じているが、まずその基本的な性質について、次のように述べている。

①生起を伴う穢れたすべての存在が、アーラヤ識に結果という状態で結びついており、またアーラヤ識が原因という状態でそれら諸存在に結びついている。

②また、衆生たちは、アーラヤ識が自我（アートマン）であると執着する。【2】

「アーラヤ」という単語は基本的には「住処」を意味するが、『摂大乗論』は「結びつくこと」「執着すること」などの意味で解釈する。『摂大乗論』によれば、アーラヤ識とわれわれのような穢れた存在の間には因果関係がある。われわれは結果という形でアーラヤ識と結びつき、同時にアーラヤ識は原因としてわれわれ

【2】『摂大乗論』一・三、長尾［1982: pp.81-84］

に結びついている。また、衆生にとっては、アーラヤ識は自我（アートマン）として執着する対象でもある。この自我への執着は一般に「我執（がしゅう）」とよばれる。なお、アートマンはインド思想において個人の本質とされ、輪廻の主体と考えられている。このアートマンは漢訳仏典では「我」と訳される。仏教はこのアートマンの存在を否定し、無我を標榜したことは、よく知られている。

アーラヤ識の別名――アーダーナ識――

また、アーラヤ識は「アーダーナ識」ともよばれていることが、『摂大乗論』に記されている。これはすでにみたように『解深密経』でも言及されていたが、『摂大乗論』はアーダーナ識という呼称を導入するにあたって、先にみた『解深密経』を引用している（第五章『解深密経』を参照）。その上で、『摂大乗論』はアーダーナ識の機能について、次のように述べている。

①肉体的なすべての感官を把捉するものであり、すべての身体を把捉するための基体となる。

②寿命の持続する間、アーダーナ識によって五つの肉体的感官が壊れずに把

捉されている。

③新たな生存に結びつくときにも、その新たな生存の完成を把捉するので、身体が把捉される。[3]

「アーダーナ」には「把捉」という意味がある。アーラヤ識には、生きている身体の認識機能が壊れないように把捉し、生存している間、保持するはたらきがあるので、その機能に着目して、アーダーナ識ともよばれる。また輪廻の生存における再生の際に、新しい身体の完成を把捉するのも、このアーダーナ識のはたらきである。このように生まれてから死ぬまでの生存期間と、輪廻における再生の際に、アーラヤ識がもっている身体保持の機能が、アーダーナ識という術語によって表現されている。

【3】『摂大乗論』一・五、長尾［1982: pp.85-86］

仏説の「心・意・識」とアーラヤ識・マナス・転識

ところで、ブッダの教説である「阿含経(あごんきょう)」の中では、しばしば「心・意・識」という単語が併記されている。『摂大乗論』はそれを引用し、「心」はアーラヤ識、「意」は第六意識、または自我意識としてのマナス、「識」は眼などの感官による認識、すなわち転識と解釈している。しかし、一般的に仏教では「心・意・識」は同義語として理解されている。「阿含経」でも、それぞれを区別しているとは思われない。したがって、心・意・識がそれぞれ別のものをさしているという『摂大乗論』の解釈は特異なものにみえるかもしれない。しかしながら、『摂大乗論』は、心・意・識が同義語でないということを示そうとしているわけではない。『摂大乗論』の意図は、「阿含経」の文言にアーラヤ識の存在が暗示されていることを明かすことにあるとみるべきであろう。

そもそも『摂大乗論』は、伝統的に認められてきた六識のほかに、アーラヤ識とマナスが存在することを証明しようとしている。そのため、経典に説かれる「心・意・識」という語を、八識説を裏付けるものとして解釈したと考えられる。心・意・識という三つの単語が同義か否かが問題なのではなく、「阿含経」の文言からアーラヤ識とマナスの存在を導きだそうとしているとみるべきである。したがって、なぜ心がアーラヤ識なのか、なぜ意がマナスなのか、ということを論じることにはあまり意味がない。

しかし、『摂大乗論』の説明の順序には意味があるように思われる。『摂大乗論』は心とアーラヤ識の関係よりも先に、まず意とマナスの関係を説明し、その後で識と転識の関係に触れ、最後に仏説中の「心」がアーラヤ識以外のものをさしているはずがない、という結論を導いている。これはアーラヤ識という存在が、簡単に説明できるものではないことを暗示しているように思われる。次節以下で、『摂大乗論』の「心・意・識」解釈を、その論述の順序にしたがって解説する。

意とマナス、識と転識

『摂大乗論』は、まず「アーラヤ識は心ともよばれる」と述べてから、仏説にも「心と意と識」という言明があることを指摘する。[4] つまり、アーラヤ識の存在は「心」という言い方でブッダの教説でも語られているということを示そうとしている。しかし、この後すぐに心とアーラヤ識の関係を説明せず、まず仏説中の「意」を取り上げ、仏説にみられる意は、第六意識とマナスであると解釈する。一方、仏説中の「識」は対象認識とする。対象認識とはすなわち、眼などの感官による色などの認識であり、唯識思想でいう転識に相当する。

『摂大乗論』が「意」の解釈から始めたのは、唯識を認めない人たちに対しても説明しやすかったためであろう。仏説の中に出てくる「意」は、サンスクリット語では「マナス」という。これに対して第六意識の原語は「マノー・ヴィジュニ

【4】『摂大乗論』一・六、長尾［1982: pp.89–90］

ャーナ」というが、「マノー」は「マナス」が音韻変化した結果で、「マノー・ヴィジュニャーナ」は「意（マナス）による認識」を意味している。また、唯識思想に特有の自我意識としてのマナスも原語は「マナス」である。したがって、仏説の「意」も第六意識もマナスもすべて、「マナス」というサンスクリット語と関係している。同様のことは「識」についても言える。仏説中の「識」の原語は「ヴィジュニャーナ」であり、眼識という場合の「識」の原語も「ヴィジュニャーナ」である。つまり、仏説中の「意」とマナス、「識」と眼識などの識は、原語が同じなので、言葉としての関係性を容易に説明できる。

さて、眼識から意識までの転識は、アビダルマの伝統的な教学において認められてきた六識なので、『摂大乗論』においても、その存在性を問題にする必要はない。したがって、さしあたってアサンガは自我意識としてのマナスの存在を証明しなければならないことになる。

『摂大乗論』によれば、マナスは自我に関わる四つの煩悩を伴い、それらに汚されているので、「染汚意（ぜんまい）」ともよばれる。四つの煩悩とは、「有身見（うしんけん）」、「我慢」、「我愛」、「無明（むみょう）」であり、いずれも自己の存在に関わる煩悩と考えられている。

このうち、有身見は自己が存在するという誤った見解で、我見ともいう。我慢は自身と他者を比べたときに生じる傲慢さ、我愛は自己への執着である。無明は自己の存在に対する根本的な無知で、別な言い方では「我癡」ともいう。これら四つの煩悩はすべて自分の存在に関わる誤謬である。その意味で、マナスは自我意識に密接に関係している。

このような自我意識としてのマナスの存在を証明するために、『摂大乗論』はマナスが存在しないと仮定した場合に生じる様々な不都合を列挙している。そこには、仏教の瞑想修行と関わるものも含まれていて、分かり難いものが多いが、われわれにとっても経験的に理解できるものもある。例えば、自我意識としてのマナスが存在しないとすると、「我執があらゆるところにある」という事実を説明できない、と述べられている。[5]

こうして、仏説中の「意」という表現が、第六意識だけでなく、自我意識としてのマナスをも表していることを論証した上で、『摂大乗論』は「アーラヤ識を除いて、心の第三の形体は見られない」と述べている。「心の第三の形体」とは、意と識という二つを除いた三つ目の形体のことで、「心」をさしている。つまり、同論は仏説の「心」という表現がアーラヤ識だけを示していると解釈するために、「意」は第六意識とマナスを、「識」は眼などの感官による認識を表しているとし、

【5】『摂大乗論』一・七B、長尾［1982: pp.101-102］

のこる「心」は、アーラヤ識以外のものをさしているはずがない、と結論付けている。言い方を変えれば、アーラヤ識を積極的に「心」と結び付ける説明をせず、「意」や「識」がそれぞれ別のものをさしているということを述べているに過ぎない。いわば消去法である。おそらく、マナスや六識の存在は内省によって確認できるのに対して、アーラヤ識の存在は自覚できないため、このように説明するしかなかったのであろう。

心とアーラヤ識

『摂大乗論』は、仏説にみられる「心・意・識」からアーラヤ識の存在を導きだそうとする際に、消去法的な論法を取っているが、これはアーラヤ識の存在を認めない仏教思想家たちに向けたものであっただろう。一方、瑜伽行唯識派にとってはアーラヤ識は存在するものなので、それを前提にアーラヤ識の特徴を様々に説明することになる。

まず、『摂大乗論』は「アーラヤ識が仏説でいう心である」ということを結論付けてから、アーラヤ識は「すべての種子(しゅうじ)を伴い、そこから意と識が生じる」と述べている。[6] アーラヤ識のこのような側面を取り上げて、「一切種子識」ともい

【6】『摂大乗論』一・八、長尾[1982: pp.106-107]

う。「種子」とは原因という意味で、アーラヤ識はあらゆる存在の原因を内包しており、そのため意も識もアーラヤ識から生じることになる。

さらに、通俗的語源解釈により、心は「蓄積」を意味するとし、もろもろの法（ダルマ、ここでは「存在」の意）の「薫習（くんじゅう）」により、アーラヤ識に種子が蓄積されるという。「薫習」とは香木などを焚いて衣服に香りを焚き込めることで、香木が燃え尽きてなくなっても、その香りが衣服に残るように、法（ダルマ）が滅してもその印象が潜在的な原因である種子としてアーラヤ識に残り、そこから次の法（ダルマ）が生じることになる。この前提として、法（ダルマ）は瞬間ごとに生じ、滅しているという考え方（刹那滅）があり、そのような法（ダルマ）が再び生じる理由を、アーラヤ識に残された潜在印象によって説明している。こうした現象を、香りを衣服に焚き込めることに譬えて、「薫習」とよんでいる。

また、アーラヤ識の本質について、すべての種子を有する「異熟識（いじゅくしき）」であると述べている。このようなアーラヤ識により、三界（欲界・色界・無色界）のすべての身体的な存在とあらゆる生存の状態が包摂されるという。[7]「異熟」とは「業（ごう）」の結果が元の業の性質と異なって成熟することを意味する。業とは人の行いであり、善の業と悪の業があるが、輪廻において次の生存に生まれる際には、

【7】『摂大乗論』一・二一、長尾［1982: p.155］

業の結果は善悪のいずれでもない無記（むき）という状態になる。このように善悪の業とその結果の間で性質が異なるものに変化して成熟するので「異熟」という。一見すると輪廻の再生の過程で善業の効果も失われ、悪業の報いもなくなるかのように思われるかもしれないが、そうではない。善業にしろ、悪業にしろ、前世の業の効力は次の生存状態を決めるところで尽きる。人に生まれるのか、その他の何かに生まれるのか、その新しい生存の状態は前世の業によって決まる。しかし、新しい生存状態に生まれたときには、その前世の業の影響力は失われているので、善でも悪でもない無記の状態になっている。したがって、行為が道徳的に無価値だといっているわけではない。善悪の行為の果報としての次の生存の状態が決まった後に、新たな生存においては前世の業の影響がなくなるという意味であり、善悪の行為の果報を一度は受けることになるのである。

アーラヤ識の存在証明

繰り返し述べているように、アーラヤ識は瑜伽行唯識派以外の仏教諸学派ではその存在を認められていない。『摂大乗論』が、仏説の「心・意・識」を解釈してアーラヤ識の存在を導きだそうとしたことはすでにみたが、このほかにも、様々な手法でその存在を証明しようと試みている。

まず、『摂大乗論』第一章の冒頭では、『阿毘達磨大乗経』という経典を引用する[8]。この経典には「アーラヤ識」という術語が用いられており、同論はこれをアーラヤ識の存在を裏付ける根拠の一つとする。しかし、この経典自体がすべての仏教思想家によって仏説として承認されていたわけではないであろう。『摂大乗論』に先立って、アーラヤ識という概念が大乗経典に取り入れられていたことの証左にはなるが、当時の仏教徒たちに対して説得力のある教証であったとは言い難い。そのため先述のように、すべての仏教徒が認めている「阿含経」の「心・意・識」という文言とアーラヤ識を関連付ける必要があったと思われる。

しかし、それだけでアーラヤ識の存在を証明し得たとは思えない。実際にこの後、『摂大乗論』はアーラヤ識の存在証明を試みている。しかし、「心・意・識」の心をアーラヤ識であると結論付けた際に、積極的にアーラヤ識が心であると説明したわけではなく、消去法によっていたように、アーラヤ識の存在証明も、アーラヤ識が存在しないと仮定した場合の不都合や矛盾を指摘し、アーラヤ識が存在するとしか考えられないとする論法を取っている。これはインド仏教で一般的にみられる手法で、帰謬（きびゅう）論証とよばれている。『摂大乗論』第一章のかなりの部

【8】『摂大乗論』一・一―二、長尾［1982: pp.75-80］

分が、この帰謬論証にあてられているが、その内容は専門的で難解な教理と深く関わっており、前提を理解していないと分からないものが多いので、ここでは、比較的わかりやすい例として、「アーラヤ識が存在しないとした場合に、煩悩による雑染があり得ないことになる」という論証の紹介にとどめる。

まず論証に先立ってアーラヤ識が存在しないと仮定した場合には「雑染と浄化はあり得ない」という命題を提示する。[9] 雑染とは煩悩による穢れである。この雑染が起こるのは「煩悩の種子」があるためだが、もしアーラヤ識がなければ、この煩悩の種子は保持されず、したがって、雑染は起こらないことになる。同論はそれを次のように論じている。

【9】『摂大乗論』一・二九、長尾[1982: pp.177-178]

①眼識は貪欲などの煩悩と同時に生じ、滅する。

②アーラヤ識の存在を認めない場合、ほかならぬその眼識（煩悩と同時に生じ、滅したもの）に、それら煩悩の種子となるものを薫習することになる。

③しかし、眼識はすでに滅し、ほかの認識によって分断されたので、いまは薫習の結果としての種子はなく、また種子の場である眼識も見当たらない。

④すでに滅した眼識は、いまは存在せず、ほかの認識によって分断されてい

る。したがって、この存在しない過去の眼識から、貪欲などを伴う認識が生じることはあり得ない。

まず、①感官知である眼識が煩悩と同時に生じ、滅したとする。②アーラヤ識の存在を認めない場合、煩悩の種子が薫習されるのは、煩悩と同時に存在していた眼識しかありえない。なぜなら、その煩悩は眼識と同時に生じ、滅しているのであり、それ以外の認識がその瞬間にはなかったからである。したがって、眼識に煩悩の種子が薫習されると考えるしかない。③しかし、その眼識は煩悩の消滅と同時に滅しているのであり、次の瞬間にはすでにほかの認識が生じて、種子を薫習された眼識は断絶されている。すると種子が存在するはずはなく、眼識そのものも存在しない。④このように、すでに存在しない過去の眼識に煩悩の種子が薫習されていたとしても、現在の煩悩を伴う認識が生じるはずもない。

以上は『摂大乗論』で指摘される帰謬（矛盾）である。現実には煩悩を伴う認識が生じているのであり、その原因としては眼などによる認識がはたらいていたはずである。しかし、眼識だけで煩悩を伴う認識が起こることは説明がつかない。なぜなら、眼識は過去のものとして消滅してしまうのであり、仮にそこに煩悩の種子が薫習されたとしても眼識と同時に消えてなくなってしまうからである。すると眼識と同時に生じ、滅した煩悩は、眼識以外の何かに、その種子を薫習しているはずである。その何かが、アーラヤ識ということになる。

この論証は仏教の複雑な教理が背景にあるため、必ずしもわれわれを納得させるものではないかもしれない。厳密な教理を離れて説明することが許されるなら、眼で見たものによって、何かを手に入れたいという欲求を起こした場合、その欲求はある程度、持続しているということは、われわれも経験的に理解できるであろう。この欲求はどこにあるのか、という問題だと考えてはどうだろうか。右の論証では、仏教特有の認識論や時間論、さらには煩悩論と関連付けて論じているので、厳密にはそれらに照らして理解する必要がある。したがって、いま提案した解釈は必ずしも正確なものではないが、問題の所在を、「感官による認識だけでは説明がつかない心理現象がある」ということだとすれば、眼識などの感官知のほかに、何らかの心のはたらきが存在しなければならないということは理解できるだろう。右の論証は、その何らかの心のはたらきが存在することは認めざるを得ないことを示している。瑜伽行唯識派は、その否定できない心のはたらきを「アーラヤ識」と名付け、その存在を立証しようとしているのである。

聞薫習による浄化

アーラヤ識が存在しないと仮定した場合、雑染が起こらないことになるが、他方で、アーラヤ識が存在しなければ、煩悩の浄化も起こらないという。基本的にアーラヤ識はすべての存在の原因を伴う一切種子識であり、また輪廻の生存において、過去と現在と未来を媒介する異熟識である。われわれの在り方を顧みれば、煩悩に穢された存在であることに気づくので、アーラヤ識は穢れた存在の原因であることになる。われわれの存在の根源にあるものがアーラヤ識であるとすると、煩悩の穢れの浄化はどのようにしてあり得るのかが問題になる。

これについて、『摂大乗論』は「清浄なる法界（ほっかい）から流れ出た聞薫習（もんくんじゅう）の種子」という存在に言及し、それにより煩悩の浄化が起こるという[10]。ここには「法界」「聞薫習」という難解な概念が見られる。「法界」は真理や究極的な存在を表す術語の一つだが、文脈によって解釈が異なる。このあとに続く「聞薫習」は「聞いたことが印象として心にのこること」を意味するので、ここでの法界は「仏法の本質」「ブッダの教えの本源」のような意味ではないかと推察される。すなわち、仏法の本質を聞き、その印象が心にのこることを言っているのであろう。この聞薫習は「水と乳が混在するように、諸仏の悟りによって、同時に存在するような

【10】『摂大乗論』一・四五、長尾［1982: p.219］

仕方で異熟識に起こる」といわれている。[11] 諸仏の悟りとは仏法の本質としての法界であり、聞薫習はそれを拠り所としながら、異熟識の中に存在している。しかし、その聞薫習は「アーラヤ識ではない」と、『摂大乗論』はいう。[12] 同論は聞薫習とアーラヤ識の関係を、水と牛乳がまじり合っている状態に譬えている。清水が白濁した牛乳に注がれて混ざっているように、清らかな仏法の本質を聞いた印象が、すべての穢れの原因を内包し、濁っている異熟識（アーラヤ識）の中に溶け込んでいるということなのであろう。

『摂大乗論』はまた、繰り返し仏法を聞き、考え、修行すること（これを「聞・思・修」という）で、下等の薫習から、中等、上等へと進んでいくと述べた後、聞薫習の種子が「下等なものから、中等、上等へと次第に増していくのにしたがって、異熟識も減っていくことになる」という。[13] 先ほどの水と牛乳の譬えでいえば、水の量が次第に増していくと、牛乳が薄められていくようなものである。そして、その果てに「転依（てんね）」が起こる。転依とは拠り所（依）である識が転換することであり、瑜伽行唯識派の悟りの境地を表している。同論は最後に、「拠り所があらゆる点で転換したとき（転依したとき）、すべての種子を伴う異熟識も種子がないものとなり、異熟識はあらゆる点で断ぜられる」と述べている。[14]

【11】『摂大乗論』一・四六、長尾［1982: pp.222-223］

【12】【11】に同じ。

【13】【11】に同じ。

【14】【11】に同じ。

このように仏法の本質を聞き、それを思索し、修行することの積み重ねが、アーラヤ識に薫習の種子として入り込み、雑染の種子を次第に薄めていくことになる。仏道修行によって心の浄化が起こることをこのように説明しているのである。

アーラヤ識の共通の相と共通でない相

アーラヤ識は一切種子識とよばれ、自身を含めたあらゆる存在の原因であるとされている。しかし、そのアーラヤ識も浄化されうる存在であるとすると、浄化の果てに世界の存在はどうなるのであろうか。特に他者の存在はどうなるのであろうか。これについて、アサンガは、アーラヤ識には人々の間で共通の相と、共通でない相があり、前者はすべての人に共有されている認識を生じ、後者は個人の内的な認識を生じるとしている。

①共通の相　器世間（きせけん）（人が存在する環境）の種子を伴う
感覚のないものが生じるための種子を伴う

②共通でない相　個々人の内的な認識の場（眼などの感官）の種子を伴う
感覚を伴うものが生じるための種子を伴う[15]

【15】『摂大乗論』一・六〇、長尾［1982: pp.257-260］

『摂大乗論』によれば、修行によってアーラヤ識の種子が取り除かれたとき、個人の経験に関わる「共通でない相」によって顕れているものは滅することになる。しかし、共通の相によって顕れている環境的な世界は、「他者の分別」によって把捉されているという。つまり、他者の分別によって認識されている限り、世界が消滅することはないのだが、そうしたものに対しては、修行者のものの見方が清浄となるという。

『摂大乗論』の三相説

瑜伽行唯識派のもう一つの重要な教理である三相説（三性説）については、『摂大乗論』の第二章「所知相分」で説かれている。三相（三性）とは、遍計所執、依他起、円成実という三つの在り方であり、これにより存在するものの様相を分析し、空性や無我を説明する。基本的には依他起において遍計所執が存在しない状態を円成実とし、これを空性とする。

この三相は、これまで本書で紹介した文献では、必ずしも唯識説との関係が明示されているわけではないが、『摂大乗論』では明確にアーラヤ識説や唯識説に結び付けている。それによれば、依他起相は「アーラヤ識を種子とし、虚妄分別(abhūtaparikalpa)の中に包摂されている認識表象(vijñapti)」であり[16]、遍計所執相は「外界の対象が実在しないにもかかわらず、この認識表象に過ぎないもの(vijñaptimātra)が、ほかならぬ対象として顕現したもの」である[17]。さらに円成実相は、「依他起相において、対象の様相(遍計所執相)が常に存在しないこと」である[18]。

この三相説の定義において、『摂大乗論』は「虚妄分別」と「認識表象に過ぎないもの」に言及する。虚妄分別は『中辺分別論』の思想の根幹をなしていた概念であり、認識表象に過ぎないものは「唯識」にほかならない。これによれば、依他起相は認識表象だが、その原因(種子)はアーラヤ識であり、虚妄分別の中に起こるものと考えられている。この依他起相の現れ方について、『摂大乗論』は次のようにさらに詳しく述べている。

依他起相は①身体の認識表象(vijñapti)、②身体の所有者の認識表象、③享受者の認識表象、④享受される対象の認識表象、⑤享受する主体の認識表象、⑥時間の認識表象、⑦数の認識表象、⑧空間の認識表象、⑨言語活動の

【16】『摂大乗論』二・二、長尾[1982: pp.275-277]
【17】『摂大乗論』二・三、長尾[1982: p.281]
【18】『摂大乗論』二・四、長尾[1982: p.283]

認識表象、⑩自他の相違の認識表象、⑪善趣・悪趣と死・生の認識表象である[19]。

注釈では、①から③は次のように解釈されている。

①身体の認識表象　＝　眼・耳・鼻・舌・身の五つの感官（五根）
②身体の所有者の認識表象　＝　マナス
③享受者の認識表象　＝　意という感官（意根、意識を起こす感官）

この三つを統合すると、肉体的な感官（五根）と精神的な感官（意根）を備え、自我意識（マナス）を持った存在であり、ひと言でいえば人間として顕れている認識表象ということになる。

つづく④と⑤は、「認識されるもの」と「認識するもの」として分けられており、その内容は次のように解釈される。

④享受される対象の認識表象＝色・声・香・味・触・法（六境）

【19】『摂大乗論』二・二、長尾［1982: pp.275-277］

⑤享受する主体の認識表象　＝眼識・耳識・鼻識・舌識・身識・意識（六識）

色は眼識の対象であり、以下、声は耳識、香は鼻識、味は舌識、触は身識、法は意識の対象である。仏教ではこれらの認識対象を一般的に「境」とよぶ。

この①から⑤までの認識表象は、前章で扱った『中辺分別論』の内容と通じるものがある。『中辺分別論』の第一章第三偈では、認識は❶対象の顕現、❷有情の顕現、❸我の顕現、❹認識機能の顕現をそれぞれ伴って生じるが、対象は存在しないため、認識も存在しないと述べられていた。それは所取（認識の客体）と能取（認識の主体）が存在しないことを意味しており、したがって、認識は虚妄分別であるということになるのであった。『摂大乗論』と『中辺分別論』の対応関係は左の図のようになる。

『摂大乗論』	『中辺分別論』
・①身体の認識表象	❷有情の顕現（眼耳鼻舌身の五根を伴うもの）
・②身体の所有者の認識表象	❸我の顕現（染汚意＝マナス）
・③享受者の認識表象	
・④享受される対象の認識表象	❶対象の顕現（色声香味触法）
・⑤享受する主体の認識表象	❹認識機能の顕現（六識）

比較してみると、『摂大乗論』の③享受者の認識表象、すなわち意根に対応するものが、『中辺分別論』には見られないが、その理由はわからない。

以上で、人間と対象認識に関わるものが列挙された。のこりのうち、⑥時間の認識表象と⑧空間の認識表象は、存在を規定する上で重要な概念である。『摂大乗論』は唯識思想の立場に立っているので、存在といっても外界の対象ではないが、たとえ認識表象としての色などであっても、時間と空間を占有して顕現することに変わりはない。したがって、認識対象が何ものかとして知覚されている限り、必ず時間と空間の認識表象の制約を受けて存在する。また⑦数の認識表象は、サンスクリット語の文法的な性質と関係していると思われる。サンスクリット語には複数形があるため、ものを表現する場合には必ず数が問題になる。したがって、数も認識表象として必ず顕現することになる。また第六意識の対象は概念であり、それは言語の使用と関わるため、⑨言語活動の認識表象も起こることになる。

『摂大乗論』によれば、この①から⑨までの認識表象は、言語表現による薫習の種子であるという。すなわち言語表現の何らかの影響がアーラヤ識に印象付けられ、それが原因となって、人間やそれを取り巻く環境、および言語表現による意思疎通が成り立つ世界として顕現する。一方、⑩の自他の区別の認識表象は我見の薫習の種子から生じる。我見はマナスに伴う煩悩であり、これによってマナスはアーラヤ識を自我であると誤認するが、自我意識をもつということは、他者と自己を区別することにほかならない。最後の⑪善趣・悪趣と死・生の認識表象は有の支分の薫習の種子から生じると言われている。有の支分とは十二支縁起の各支分を意味しており、輪廻における死と生もまた認識の表象であることを示しているが、言語表現による薫習や、我見による薫習とはまったく異なる次元での薫習が想定されている。

『摂大乗論』は依他起相について、最後に次のように述べている。

これらの認識表象(vijñapti)として、すべての界(欲界・色界・無色界)と趣(地獄・餓鬼・畜生・人・天)と生(胎生・卵生・湿生・化生)と汚れを内包し、依他起を特徴として、虚妄分別が顕れるのである。これらの認識表象は、ただ認識表象に過ぎず、虚妄分別によって内包されるのであり、存在せず、迷乱の対象が顕現する場であるもの、それが依他起相である。[20]

【20】【19】に同じ。

認識表象とは、別ないい方をすれば顕現である。顕現という形でわれわれの前に顕れ、経験されているものは虚妄分別である。この虚妄分別にわれわれが存在しうるすべての領域や生まれ方（すなわち輪廻の生存）は内包されている。このような虚妄分別こそが依他起相なのである。

唯識無境──夢の譬え──

アーラヤ識はすべての存在の原因である種子を内包している。そこから認識と認識対象が顕現することによってわれわれが経験している世界が構成される。したがって、われわれを取り巻く環境はすべて認識の顕現であり、認識を離れて外界の対象が実在することはない。これを唯識無境という。この唯識無境を説明するために、しばしば夢が引き合いに出される。

例えば夢では対象がなくとも、認識だけがあることによって、色・声・香・味・触や、家・林・土地・山などの様々な対象の形相をもって顕れるが、そこにはいかなる対象もないように。この例によって、すべてに関しても、認識表象に過ぎないと認められるべきである【21】。

夢の中でもわれわれは認識の対象を経験するので、認識ははたらいている。同時に、夢の中の対象が実在でないことは、誰しも認めるところなので、対象がなくとも認識が起こることは理解できる。ただし、この譬えはわかりやすい反面、所詮は夢であって現実の話ではないと思われるかもしれない。しかし、そもそも「ブッダ」が「目覚めた人」という意味であることを考えると、夢の譬えは単に対象が存在しない認識の例というわけではないのかもしれない。むしろ「目覚めていない人」の認識ということに意味があるように思われる。

実際に『摂大乗論』では、この夢の例を示したあとに、「真実の智によって目覚めた者たちに、ただ認識表象に過ぎないということについての知が生じる」と説かれている。夢を見ているときには夢を見ているという自覚がないように、真実の智によって目覚めていない者には、認識の対象が認識表象に過ぎないということがわからない。ブッダでないわれわれは未だ覚醒していない凡夫であり、われわれが現実と思っているものも実は夢のようなものだということになるだろう。

【21】『摂大乗論』二・六、長尾［1982: pp.285-287］

瞑想修行者の認識

真実の智に目覚めていない者は、見えている世界が認識表象に過ぎないということに気づかない。しかし、そのような者であっても、推論によって対象が認識表象に過ぎないことを知ることはできる。『摂大乗論』は、その実例として、瞑想修行者の経験から、外界の対象が実在せず、ただ認識表象に過ぎないことを推理することができるとし、次のように述べている。

瞑想で心を集中しているとき、認識対象としての影像(ようぞう)である蒼黒く変色した死体など、あれこれを見るが、それらは心であるとみる。蒼黒く変色した死体などのような別な対象は存在しない。この道理により、菩薩はすべての認識表象に対して、認識表象に過ぎないものと推理すべきである。[22]

ここにあげられた瞑想は「不浄観」とよばれるもので、死体が次第に変壊し、最後は骨になるまでを瞑想において観察する。おそらく瑜伽行派の人々はこうした瞑想を実践していたのであろう。しかし、こうした瞑想体験において見えている対象は、記憶の想起ではないかとの批判もあった。『摂大乗論』はそれに対し

【22】『摂大乗論』二・七、長尾［1982: pp.288-290］

て次のように説明している。

①瞑想の認識は、蒼黒く変色した死体などに対する記憶の認識ではない。
②この対象は眼前に置かれて見えているからである。
③仏法を聴聞し、思索した内容に対する記憶の認識も、過去のものを対象としているからである。
④ここに見えているものは認識表象に過ぎないことになる。[23]

アサンガによれば、瞑想の対象は、いま現前にありありと見えているものであり、過去の記憶を想起しているわけではない。例えば仏法を聞き、思索した内容を思い起こす場合は、過去の記憶を想起しているが、瞑想は目の前の影像を観察しているのであり、記憶の想起ではない。瞑想中の影像の顕現と、記憶の想起は本質的に異なっている。したがって、瞑想における観察の対象は記憶の想起ではなく、現に見えている影像なのであり、しかもそれは実在ではなく、単なる認識表象に過ぎないものなのである。

こうした経験に裏打ちされて、『摂大乗論』は唯識無境を論証しようと試みた。

【23】『摂大乗論』二・八、長尾［1982: p.294］

しかしながら、すべての人に対して説得力があったかどうかは定かではない。実際に、それは記憶の想起であるとみる人たちがいたことも、『摂大乗論』の記述から推察される。瞑想体験が必ずしもすべての仏教徒にとって自明のものではなかったのであろう。

第九章　『唯識三十頌』―唯識思想の体系―

『唯識三十頌』

本章で取り上げる『唯識三十頌』の著者であるヴァスバンドゥ（世親、五世紀頃）は、アサンガ（無着、五世紀頃）の実弟とされる。真諦（パラマールタ、六世紀頃）の伝える伝記『婆藪槃豆法師伝』によれば、ヴァスバンドゥは説一切有部で出家し、有部の教理を『阿毘達磨倶舎論』にまとめたが、後に兄のアサンガの影響で大乗に転向し、『唯識二十論』や『唯識三十頌』などを著して唯識思想の体系を築き上げたといわれている。

『唯識三十頌』はヴァスバンドゥの最晩年の作品と考えられており、彼に先行する唯識論書には見られなかった「識転変」という概念によって、唯識思想を説明している。『唯識三十頌』には複数の唯識思想家が注釈を著したといわれているが、サンスクリット語原典はスティラマティ（安慧、六世紀頃）の注釈のみが伝わっている。本書では、このスティラマティの注釈を読解の手掛かりとしている。なお、玄奘は『唯識三十頌』を漢訳した際に、ダルマパーラ（護法、六世紀頃）の注釈を中心に複数の注釈者の解釈を取り入れながら、『成唯識論』としてまとめている。

『唯識三十頌』の構成

『唯識三十頌』は韻文（韻律のある定型詩）で著された比較的短い綱要書で、唯識思想の概要を端的にまとめている。三十の詩節（偈頌）よりなるので、『三十頌』とよばれている。

全体の構成として、まず識転変から説き始めて八識説を解説する。それが全体の約半分をしめている。その後に唯識への悟入、三性説、三無自性説、唯識における世俗と勝義、転依の順で語られる。

『唯識三十頌』はほかの文献に比べて構成がわかりやすく、内容も簡潔にまとまっているので、本章では重要な偈頌を引用し、適宜必要な解説をする。

「識転変」

我（ātman）と法（dharma）の比喩的な適用（upacāra）は、実に様々に起こるが、それ（我と法の比喩的な適用）は、識転変（しきてんぺん）（vijñānapariṇāma）に対してなされる。（第一偈第三句まで）【1】

『唯識三十頌』の第一偈である。この偈でヴァスバンドゥは、仏教思想を理解する上で重要な概念である「我（が）」と「法」に加えて、「識転変」という概念に言及している。これはヴァスバンドゥの唯識思想に特有の概念といわれている。

識転変について、『唯識三十頌』の注釈者であるスティラマティは、「認識が別な状態になること」と説明する。スティラマティによれば、認識は瞬間ごとに変化しており、ある瞬間に原因であったものが、次の瞬間には結果となる。このように瞬間瞬間に認識が変化し、多様な世界を作り出していく現象が「識転変」といわれている。この識転変という現象に対して、「我」と「法」が比喩的に適用されるという。

ここでいう「我」とは、「アートマン」というサンスクリット語の訳である。一般的にインド思想ではアートマンは自己の本質であり、輪廻の主体として恒常

【1】『唯識三十頌』第一偈第三句まで、Lévi［1925: p.15］

不変の存在とされる。しかし、注釈者であるスティラマティはこのアートマンは「人」をさす概念として理解している。つまり、ここでは恒常不変の本質としてのアートマンが問題とされているわけではなく、「人」という存在の捉え方が問われている。後述するように、「人」という存在が問題になるのは、われわれが固有の自我をもっていると思い込むことで、様々執着を起こすからである。

一方、「法」という概念は、スティラマティによれば、五蘊(ごうん)・十二処・十八界などをさしている。五蘊は人間を構成する五つの要素としての色・受・想・行・識である。十二処とは人間を形づくる感官としての眼・耳・鼻・舌・身・意の六根と、それらの対象である色・声・香・味・触・法の六境である。この十二処に、眼識・耳識・鼻識・舌識・身識・意識の六識を加えて十八界という。

こうしたものがすべて識転変において比喩的に適用されるという。スティラマティはこの「比喩的な適用(upacāra)」を「言語表象(prajñapti)」と言い換えている。人も法もこの識転変の外部には存在しない。

三通りの識転変

その転変は三通りである。「異熟」とよばれるものと、「思考」と呼ばれるもの、「対象の認識」である。（第一偈第四句、第二偈前半[2]）

ヴァスバンドゥは第一偈の第四句から第二偈前半にかけて、認識が異熟、思考、対象の認識として三様に変化すると述べている。

「異熟」とはアーラヤ識の別名だが、特に「異熟」という場合は輪廻における生存と関わっており、前世の善悪の行い（業）の薫習（アーラヤ識に焚き込められた潜在的な印象）が成熟し、次の生存を形成するため、異熟といわれる。これについては次節で詳述する。二つ目の「思考」とはマナスのことであり、後述するように自我意識に相当する。最後の「対象の認識」は六識であり、色などの対象の顕現を伴っているとされる。

アーラヤ識――一切種子と異熟――

第二偈後半でヴァスバンドゥは、右に引用した偈で「異熟」として言及されたものがアーラヤ識であることを明示し、その特性を解説する。

【2】『唯識三十頌』第一偈第四句、第二偈前半、Lévi [1925: p.18]

このうち、アーラヤとよばれる認識が、「異熟」であり、すべての種子を伴っている。（第二偈後半【3】）

ステイラマテイによれば、「アーラヤ」とは「場所」のことであり、すべての穢れた法の種子（潜在的な原因）の場となっているから、「アーラヤ」という。このアーラヤ識とすべての法は因果関係にある。ステイラマテイはこの状態を、すべての法が結果という形でアーラヤ識に「結び付けられ」、一方、アーラヤ識は原因という形ですべての法に「結び付けられている」という（ステイラマテイは、「アーラヤ」という術語の起源を動詞的な表現にまで遡り、その動詞の意味を「結びつく」と解釈している）。

ところで、第二偈前半で識転変の三つの様態の一つとして「異熟」という存在が示されたため、第二偈後半では異熟を説明するために「アーラヤ識」という術語が導入されたようになっているが、実際には「異熟」と「一切種子（すべての種子を伴うもの）」はアーラヤ識の二つの側面とみた方がよい。『唯識三十頌』の第十八偈では、アーラヤ識が「一切種子識（すべての種子を伴う識）」であることがあらためて説明され、続く第十九偈では「異熟識」としてのアーラヤ識につい

【3】『唯識三十頌』第二偈後半、Lévi [1925: p.18]

て述べられている。

まず、すべての種子（原因）を伴うアーラヤ識は、現在の生存において認識が起きる原因となっている。第十八偈ではそれを次のように説いている。

実に、（アーラヤ）識はすべての種子を具えている。（アーラヤ識と眼などの認識の）相互の力で、様々な転変が（絶え間なく）起こる。それによって様々な分別が生じる。（第十八偈）[4]

この偈は、いま起きている眼などの認識がアーラヤ識を変化（転変）させ、そのアーラヤ識の変化（転変）がさらに眼などの認識の原因となり、様々な分別が生じるということを説明している。特に重要な部分は、眼などの認識とアーラヤ識の相互の力で転変が起こるということで、これについてスティラマティは「眼などの認識は、それ自体のもつ能力を増大させていると、その視覚などの能力に特定されたアーラヤ識の転変が起こる原因となり、またアーラヤ識の転変は、眼などの認識が起こる原因となる」といっている。つまり、いま活動中の眼などの認識がものを見る能力などを発揮させていると、その見る能力などにあわせた特

【4】『唯識三十頌』第十八偈、Lévi [1925: p.36]

定の変化がアーラヤ識に起こる。どのような変化が起こるのか、明言されていないが、そのアーラヤ識の変化が眼などの認識の原因となるといっているので、視覚の対象として変化するということではないかと考えられる。もう少し簡単にいえば、能取（認識の主体）である眼などの認識がはたらくと、それに対して、その対象である所取（認識の客体）という形でアーラヤ識に顕現が生じるということであろう。これは現在の生存において、外界の対象がなく、認識表象だけがある状況で、眼などの認識がアーラヤ識から生じるという現象を説明している。

これに対して、輪廻において、現在の生存が終わり、未来の生存が起こることも、アーラヤ識によって説明される。

> 業の薫習（潜在印象）が、所取と能取（認識の客体と主体）への執着の薫習（潜在印象）を伴って、先の異熟が尽きたとき、次の異熟であるアーラヤ識を生じる。（第十九偈）[5]

現在の業によって、未来の生存を引き起こす能力が、アーラヤ識に植え付けられる。その植え付けられた能力が業の薫習（潜在印象）である。前世で蓄積され

【5】『唯識三十頌』第十九偈、Lévi［1925: p.36］

た業によって、現在の生存が引き起こされているが、その現在の生存が尽きるとき、その生存の最後の瞬間に、業の薫習（潜在印象）が享受されつくされ、現在の異熟とは別な異熟を生じる。この異熟はアーラヤ識に他ならない。その際に、業の薫習（潜在印象）の違いによって、異なる生存状態に、異なる生まれ方をする。しかし、先の生存における業の善悪は、次の生存においては異なって成熟し、善でも悪でもないものになるという。

アーラヤ識は、無自覚の知覚

このようにアーラヤ識は人間の存在を根底で支えるものだが、アーラヤ識自体は自覚することなく身体を維持し、また無自覚のうちに場を認識している。この無自覚のはたらきについて、『唯識三十頌』は次のように説明する。

> 無自覚の執受（しゅうじゅ）（upādi）と、無自覚の場の認識表象（vijñapti）よりなるものが、それ（アーラヤ識）である。（第三偈前半【6】）

まず、アーラヤ識は「執受」であるといわれる。「執受」とは何かを維持する

【6】『唯識三十頌』第三偈前半、Lévi [1925: p.19]

はたらきをいう。唯識思想ではそれを「薫習（潜在印象）」あるいは「種子」と同義とする。これがあることによって、人と法という存在が、その薫習（潜在印象）の結果として維持される。つまり、有情世間と器世間を維持するものであり、それがアーラヤ識とされている。

また、特に個体の存在を維持するはたらきも執受といわれる。肉体的な感覚器官である色と心からなる個体の存在を維持し、その個体存在と運命を共にするものが執受である。

さらに、アーラヤ識は「場の認識表象」を伴うものでもある。場の認識表象とは器世間といい換えることができる。人間が存在する環境世界の認識表象をアーラヤ識はもっている。

ところで、維持するはたらきである執受も、場の認識表象も、いずれも「無自覚なもの（asaṃviditaka）」といわれている。「無自覚なもの」というのは「これがそこにある」とか、「これはそれである」というように、個々に知覚されるような形で識別されていない状態である。言い換えれば、対象が明晰に区別されていない形で存在している状態である。個体存在を維持する場合、「眼はここに、耳はそこに」というように自覚することはなく、その形が維持されている。このように個体を維持する執受は無自覚のうちにはたらいている。また自分が身を置いている場である環境世界に対して、そこにある視覚の対象や聴覚対象を明晰に区別して認識しているわけではなく、全体をぼんやりと知覚している。つまり、意志をもって「見ている」あるいは「聞いている」のではなく、意図せずとも「見えている」、「聞こえている」という状態であり、それすら自覚していない場合が多い。瑜伽行唯識派は、身体の維持、場の認識が、無自覚のうちに起こるのは、アーラヤ識のはたらきによると考えている。

アーラヤ識と心理作用

（アーラヤ識は）常に、触、作意、受、想、思を伴う。（第三偈後半【7】）

ここでは、触、作意、受、想、思という概念が唐突にあらわれたように見えるかもしれない。この第三偈後半の内容は、心の分析に関わる仏教教理が前提になっているので、まず、それを説明しなければならない。

仏教の教理では、精神を心の本体と心理作用にわける。前者を「心」とよび、

【7】『唯識三十頌』第三偈後半、Lévi [1925: p.19]

後者を「心所（しんじょ）」という。まとめて「心・心所」ということもある（この術語自体はすでに本書でも繰り返し登場している）。教理的には「心」は「認識」と同義とされる。偈の中で言及される触・作意・受・想・思は心所に相当し、「常に遍在している心所」という意味でまとめて五遍行（ごへんぎょう）とよばれている。後述するように心所とよばれる心理作用は約五十項目に分析されており、五遍行が心所のすべてではない。ところで、この心と心所の関係について、伝統的な仏教教理においては、「心は必ず心所を伴う」と考えられている。これがアーラヤ識の存在を考える際にも問題となる。

一般的に仏教の教理では心と認識は同義語なので、「認識は心である」ということになる。その場合の「認識」とは、五蘊の中の「識」をさしている。「識」の基本的な機能は対象を認識することなので、その点ではわれわれが日常的に使う「認識」という概念とほぼ対応している。しかし、「識」は単なる対象の認識ではなく、人間を構成する要素という意味合いが強い。そのような識のことを識蘊という。蘊とは「集まり」の意味だが、人間を構成する要素という意味で用いている。蘊とよばれるものは、色蘊、受蘊、想蘊、行蘊、識蘊の五つであり、まとめて五蘊という。そして、この五蘊のうちの識蘊に対して、心・心所という場合の「心」が対応すると考えられている。一方、受蘊、想蘊、行蘊は心所に対応している。つまり、仏教思想において「認識は心である」という場合、人間を構成する要素のうちの識蘊は、精神の本体としての心である、ということを意味する。これは言外に受蘊、想蘊、行蘊は本体である心から派生した心理作用である、ということでもある。したがって、人間を構成する要素である識こそが精神の本体ということになる。

ここで問題になるのは、仮にアーラヤ識が認識の一つの形態であるなら、それは心であるから、心所を伴うということになる。アーラヤ識が心所を伴うか否かということは、仏教教理に照らして、アーラヤ識が識蘊として存在すると認めうるかという問題につながる。逆にいえば、心所を伴わないなら、アーラヤ識は心ではないので、識とは認められないことになる。唯識思想では、アーラヤ識は、すべての認識の本源であるだけでなく、あらゆる法の原因であり、また輪廻の生存を裏付けるものである。つまり、アーラヤ識は人間の在り方そのものに関わっている。そのようなアーラヤ識を識蘊として位置付けるためには、心所を伴っている必要がある。そのために、第三偈では、触・作意・受・想・思という心所が常にアーラヤ識に随伴することを述べ、アーラヤ識が認識として機能していることを示している。われわれにとっては一見すると些末な議論に思えるのだが、仏教教理に照らした人間の在り方を考える上では、欠くことのできない論点であることを理解する必要がある。

アーラヤ識に伴う感受は楽でも苦でもない

楽でもなく、苦でもない平静（捨）が、アーラヤ識における受である。アーラヤ識は外部からやってくる煩悩に覆われず、善でも悪でもない無記なるものである。心所の触なども同様である。（第四偈第三句まで）[8]

この偈の中の「受（vedanā）」は、前節で言及された五つの心理作用（五遍行）のうちの一つであり、「感受作用」と訳すことができる。仏教の教理では、感受作用は「楽」「苦」「楽でも苦でもない」という三種に分類される。アーラヤ識は前節でみた五つの心理作用を常に伴うので、この「受」も常に随伴している。しかし、アーラヤ識における感受は、一般的な感受とは異なり、「楽で苦でもない」だけであり、楽や苦を感受することはない。

【8】『唯識三十頌』第四偈第三句まで、Lévi［1925: p.21］

しかし、これに対しては疑問をもつ人がいるかもしれない。因果応報という考え方からすれば、善の行為には楽の感受があり、悪の行為には苦の感受がありそうに思う。しかし、輪廻の生存においては、善悪の行為の結果である異熟とは、善でも悪でもない無記なるものと考えられている。この異熟はアーラヤ識の別名であることはすでに述べたが、そのアーラヤ識は、煩悩に覆われず、善悪に関して区別がない（この「区別がない」ことを仏教用語で「無記」という）。したがって、アーラヤ識に伴う心理作用としての感受は、善悪の行為の結果をそのまま引き受けるわけではないので、楽でも苦でもないことになる。このような感受を仏教用語で「捨」という。

また、アーラヤ識に随伴する「触」「作意」「想」「思」の心所も、煩悩に覆われず、善悪の区別がないとされている。（そのため、偈の中で「同様である」といわれている。）

アーラヤ識は激流のように流れる

また、それ（アーラヤ識）は流れる激流のように活動する。（第四偈第四句）[9]

【9】『唯識三十頌』第四偈第四句、Lévi [1925: p.21]

このようなアーラヤ識は、輪廻が続く限り、断絶のない一貫した存在として活動し続けるわけではない。アーラヤ識は刹那ごとに滅して、瞬間瞬間に生じるものの連続体として存在している。それは河の流れに譬えられる。河は前後で切れ目なく流れ続けながら、常に変化している。それでいて河は河としてあり続ける。アーラヤ識も因であったものが果となり、瞬間ごとに変化しながら、因果の絶え間ない連続として活動し続ける。このアーラヤ識の流れが止まることがあるとすれば、修行者が阿羅漢（あらかん）の位に到達したときであるという。

自我意識としてのマナス

マナスとよばれる認識は、アーラヤ識に依存し、アーラヤ識を対象として生じる。思考（manana）を本質としているので、「マナス」という。（第五偈第二句から）

マナスは外部からやってくる煩悩に覆われ、善でも悪でもない無記なる四種の煩悩を常に伴う。すなわち①五蘊を自己とみなすこと（我見）、②自己に対する無知（我癡）、③自己を対象とする驕り（我慢）、④自己に対する愛着（我愛）と呼ばれるものを伴う。（第六偈[10]）

「マナス」とは、いうなれば自我意識である。このマナスも認識の一つの形態であり、ほかの諸法と同様に、アーラヤ識に内在する潜在印象から生じる。しかし、マナスは眼識などの認識とは異なり、アーラヤ識を対象とし、アーラヤ識を自己と誤認して、「私は○○である」「私には□□がある」という認識を生じる。

この自我意識の発生に関しては、第六偈で説明されるが、かなり緻密な仏教教理に即したものとなっていて、難解な印象を受ける。注釈者スティラマティの解説によれば、マナスも認識であるので、必ず何らかの心理作用（心所）を伴う。すでに述べたように、仏教の教理では精神を心（心の本体）と心所（心理作用）にわける。「心」は五蘊の識蘊に相当する。マナスも認識なので、心であり、したがって、何らかの心所を伴うことになる。唯識思想では、マナスは必ず四つの煩悩を伴うとされている。それが第六偈に列挙されている。順に、①五蘊を自己とみなすこと（我見）、②自己に対する無知（我癡）、③自己を対象とする驕り（我慢）、④自己に対する愛着（我愛）である。

【10】『唯識三十頌』第五偈第二句から、第六偈、Lévi［1925: pp.22-23］

アーラヤ識に対する無知（我癡）は、アーラヤ識をみて「自我である」という見解（我見）を起こす。その結果、心は増長する（我慢）。注釈者スティラマティはこれを「心が腫物のように膨れ上がる」と表現している。我癡・我見・我慢という三つの煩悩があるとき、自我であると思い込まれたものに対して、激しい愛着（我愛）が起こる。マナスはこの四つの煩悩を常に伴っているので、アーラヤ識を自分自身だと思いこみ、思い上がり、執着する。ただしこの四つの煩悩は道徳的に善でも悪でもない状態にあるとされる。

これら四つの煩悩のうち、自己に対する無知（我癡）は「無明（むみょう）」にも比せられる。無明は十二縁起という仏教の基本的な教理の根本におかれるもので、人間の苦悩の根源に位置付けられる。したがって、自己に対する無知から順次に発生する自己に関わる煩悩は、人間として生きている限り、避けられない。

マナスの消滅

『唯識三十頌』第七偈では、修行の結果として、自我意識としてのマナスが消滅することについて説明する。その内容を簡単に紹介しておく。

阿羅漢にそれ（マナス）はない。滅尽定においてもなく、出世間道においてもない。（第七偈後半[11]）

まず、阿羅漢位に至った修行者にはマナスも存在しない。また、滅尽定（めつじんじょう）という瞑想に入った修行者のマナスも滅する。しかし、滅尽定の瞑想から再び立ち戻ってきたときには、自我意識としてのマナスがアーラヤ識から必ず生じる。さらに、出世間道においても、マナスは起こらない。無我を見ることは我見の対治なので、出世間道において無我を見るとき、自我意識であるマナスは起こり得ない。けれども出世間道から再び立ち戻ってきたとき、やはりマナスはアーラヤ識から再び起こる。

自我意識がない状態がどのようなものなのか、想像することは難しいが、高位の修行者はマナスがない状態にとどまることができるらしい。ただし、これは瞑想や無我の観得など、特殊な状態において起こるものであり、瞑想から立ち戻れば、自我意識は再び起こる。このとき、自我意識はアーラヤ識から起こるという。修行者が瞑想の状態から戻った際に、その人格が維持されているのは、アーラヤ識が存在するためと考えられている。

【11】『唯識三十頌』第七偈後半、Lévi［1925: p.24］

六識

『唯識三十頌』第八偈後半からは、第三の転変である六識（転識）の解説となる。

> 第三の転変は六種の対象の知覚であり、それは善なるものと、悪なるものと、善悪いずれでもない無記なるものである。（第八偈後半）[12]

第三の転変は、対象の知覚として顕れる。ここでいう対象とは、色・声・香・味・触・法の六種をさしている。この知覚は善と悪と無記からなる。この点はアーラヤ識やマナスが無記なるもののみとされるのと異なっている。対象の知覚が、貪欲、敵意、暗愚という煩悩（貪・瞋・癡の三毒）を伴う場合、その知覚は悪となり、無欲、好意、聡明という状態（無貪・無瞋・無癡）を伴う知覚は善となる。また貪欲なども伴わず、無欲なども伴わない場合、知覚は善でも悪でもないもの（無記）となる。

六種の知覚としての認識は、やはり心理作用を必ず伴う。第十偈から第十四偈では、その心理作用が列挙される。すでにアーラヤ識について説明した際に述べた五遍行（触・作意・受・想・思）をはじめとして、善い心理作用も悪い心理作

【12】『唯識三十頌』第八偈後半、Lévi［1925: pp.24-25］

用もこまごまと分類して、総計で五十一の心理作用が列挙される。ここでは、その内容を一つ一つ説明することはしないが、対象を知覚するというはたらきが、単に認知機能として理解されているわけではなく、対象を知覚すると、心には様々な情動や思考が必ずおこるということに注意しなければならない。それは前向きな意欲や心の軽やかさであることもあれば、物欲や敵意であったりもする。また何も感じず、何も思わないという状態もあるが、これは無関心という状態で、やはり一つの情動であり、純粋に対象そのものをいかなる精神のうごきも伴わずに見ている状態ではない。このように、認識は心である限り、ただ静かに、ものを観察しているということはあり得ない。六識の生起は複雑な心理作用と密接に関わっているということを理解しておかなければならない。

六識とアーラヤ識

五つの認識（眼識・耳識・鼻識・舌識・身識）は、根本の認識（アーラヤ識）において、条件に応じて、同時に起こったり、順次に起こったりする。ちょうど、水面に波が同時に起こったり、順次に起こったりするように。（第十

五偈）

意識の生起は常にあるが、無想天、無想定と滅尽定という二種の瞑想、深い睡眠、また失神気絶の状態は除く。（第十六偈）[13]

認識の生起について、説一切有部という学派では眼識・耳識・鼻識・舌識・身識の五つの認識は同時には起こらないとされている。説一切有部はインド仏教のアビダルマとよばれる教理体系を築き上げた学派で、仏教の哲学思想に大きな影響を与えた。しかし、唯識思想では、これらの認識は同時に起こることもありうると考えている。これは五識の背景にアーラヤ識が存在しているからであり、アーラヤ識を水面に譬えて、複数の波が水面に同時に起こることがあるように、アーラヤ識の中では複数の認識が同時に起こることもあり得ることを説明する。

また肉体的な感官による五識とは別に、第六意識は常に生じている。ただし、認識のはたらきを停止する状態（無想天、無想定、滅尽定）においては、意識もはたらかないのであり、また夢も見ないほどの深い睡眠や、気を失った状態では、意識は起こらない。

【13】『唯識三十頌』第十五偈・第十六偈、Lévi [1925: pp.33-34]

識転変は分別である

この識転変とは分別（vikalpa）である。それによって分別されるものは存在しない。したがって、この一切は認識表象に過ぎない（vijñaptimātra）。（第十七偈）[14]

ここに至って、識転変は「分別」であるといわれる。これまでは三通りに識が転変し、アーラヤ識、マナス、六識として生じるということが述べられてきたが、それらは突き詰めれば分別ということになる。しかし、なぜ識転変が分別とされるのか、その理由は説明されない。注釈者スティラマティは、これを説明するために、本書の第七章で紹介した『中辺分別論』から「虚妄分別（abhūtaparikalpa）は三界に関わる心・心所である」という一偈を引用している。また本書の第二章で取り上げた五事説では、分別は三界に関わる心・心所とされていた。本章でみたように三種の識転変により八種の認識が生じるが、認識は「心」であり、必ず心理作用（心所）を伴う。つまり、識転変は心・心所のすべてに関わっていることになる。五事説の分別や、『中辺分別論』の虚妄分別を

【14】『唯識三十頌』第十七偈、Lévi［1925: p.35］

心・心所とすることを踏まえると、識転変を分別とすることも不自然ではない。

しかし、識転変という概念によって認識の生起を説明することで、十分に唯識思想の体系を構築できるように思われる。それにもかかわらず、『唯識三十頌』はここで突如として識転変を分別とした。『唯識三十頌』は、八識の解説の際に、「心は必ず心所を伴う」という仏教の教理学を念頭においていた。おそらくこれが、当時の仏教界で認められていた認識の在り方であったのだろう。そのため、唯識思想家は、新たに提唱したアーラヤ識とマナスが「認識」の条件を備えていることを説明するために、心所との関係を示したと思われる。

これに対して、識転変を分別とするのは、『瑜伽論』以来の唯識思想における認識論と関連付ける意図があるように思われる。『瑜伽論』などでは、、むしろ、分別が思想の中核を担っていた。分別は次節で扱う三性説では依他起性と位置付けられ、『唯識三十頌』においても重要な役割を果たす存在である。識転変を分別とすることは、アーラヤ識をはじめとする八識説と三性説を結び付けるために必要な手続きであるように思われる。

三性説

第二十偈から、三性説の解説となる。三性とは遍計所執性、依他起性、円成実性であり、この三者の関係は唯識思想が考える空性の解釈となっている。

あれやこれやの分別（vikalpa）によって、あれこれの事物（vastu）が分別されるが、そのような自性（svabhāva）は、遍計所執（parikalpita）に過ぎない。それは存在しないので。（第二十偈[15]）

【15】『唯識三十頌』第二十偈、Lévi［1925: p.39］

前節で引用した第十七偈の内容とどこか、似ているように思われる。第十七偈は、分別によって分別されるものは存在しないので、すべては認識表象に過ぎない（vijñaptimātra）と説いていたが、ここでは、分別によって分別される事物（vastu）は遍計所執の自性であり、これもやはり存在しない。この二つの偈では、分別の対象は実在しないという考え方が一貫している。分別されているものは認識表象に過ぎないのであり、「遍計所執（誤って想定されたもの）」にほかならない。そして、これに続けて、依他起性と円成実性が説かれる。

一方、分別は条件により生じたものであり、依他起性（paratantrasvabhāva）である。

他方、円成実性（pariniṣpannasvabhāva）は、依他起性が遍計所執性を常に離れた状態である。（第二十一偈）[16]

分別は、何らかの条件や原因によって生じたものであり、その点で他に依存しているので、依他起性とされる。これに対して、依他起性から、遍計所執性が完全に分離された状態が、円成実性といわれる。つまり、分別から、認識表象に過ぎないものが取り払われた状態が円成実性となる。

だからこそ、円成実性は、依他起性と決して別でもなく、別でなくもないのである。（第二十二偈）[17]

依他起性が遍計所執性を欠いた状態が円成実性である。つまり、円成実性は依他起性における特殊な状態ということになる。《甲》は《乙》を欠いているというとき、《乙》は存在しないが、《甲》は存在している。「そこには壺がない」というとき、「壺」は存在しないが、「そこ」と指示される場所は消えてなくなるわ

【16】『唯識三十頌』第二十一偈、Lévi［1925: p.39］

【17】『唯識三十頌』第二十二偈、Lévi［1925: p.40］

けではない。分別である依他起性は、認識表象である遍計所執性が取り除かれても、のこっている。そして、その遍計所執性がないという状態が円成実性となる。したがって、依他起性である分別がなければ、円成実性も成立し得ない。

このような円成実性と依他起性の関係は、「別でもなく、別でなくもない」とされている。もし別なものだとした場合、分別である依他起性において、遍計所執性が欠落した状態は実現し得ないことになる。また同じだとした場合、円成実性は、分別である依他起性と同様に煩悩に汚されたものということになる。また、分別であるはずの依他起性は、円成実性と同じように煩悩を本質としないものということにもなってしまう。

したがって、円成実性と依他起性は別でもなく、別でなくもない、といわれる。すなわち、空性は分別において実現されるが、分別は空性そのものではないのである。

三無自性説

三性説は存在の自性（svabhāva）を説いており、分別、すなわち様々な心理的要素を伴う八識の存在を前提にしている。しかし、一方で、大乗経典では「一切法は無自性である」と説かれている。注釈者スティラマティは、一切法が無自性であるという経典の文言と三性説が矛盾するのではないかという批判を紹介している。これに対して、次のように『唯識三十頌』は答えている。

三種の自性が、三種の無自性であることを意図して、すべての法が無自性であると説示したのである。（第二十三偈[18]）

三種の無自性とは、相無自性（lakṣaṇaniḥsvabhāvatā）、生起無自性（utpattiniḥsvabhāvatā）、勝義無自性（paramārthaniḥsvabhāvatā）である。『唯識三十頌』はそれぞれを次のように説明している。

第一の自性である遍計所執性は、様相（lakṣaṇa）に関してのみ、無自性である。そして次は、その依他起性には自身で生じることがないことが、もう一つの無自性である。（第二十四偈）

また、諸法（dharma）の勝義が円成実性なので、円成実性は勝義無自性である。また真如も円成実性である。あらゆるときに、そのように（tathā）

【18】『唯識三十頌』第二十三偈、Lévi［1925: p.41］

存在するので「真如（tathatā）」という。それこそが認識表象に過ぎないということ（vijñaptimātratā）なのである。（第二十五偈[19]）

遍計所執性と相無自性、依他起性と生起無自性、円成実性と勝義無自性が対応している。

相無自性という場合の「相」はlakṣaṇaの訳語で、スティラマティによれば、色（rūpa）に対しては「壊れること（rūpaṇā）」、受（vedanā）に対しては「経験すること（anubhava）」が「相」である。この解釈では相は「特徴」という意味で理解されている。このような相を欠いている状態を「相無自性」という。

次の生起無自性は依他起性の性質を無自性という観点から説明している。「依他起」とは「他によって生じる」という意味なので、裏を返せば「自分で生じることがない」ということになる。したがって、自ら生じないという意味で「生起無自性」といわれる。

最後の円成実性は、すべての法の勝義である。したがって、虚空のようにすべてに均等に行き渡り、無垢にして変壊しない。また、円成実性は無を自性としているので、勝義無自性であるという。それは真如とも法界ともよばれる。そして、

【19】『唯識三十頌』第二十四偈・第二十五偈前半、Lévi [1925: p.41]

認識表象に過ぎないという状態（唯識）は、円成実性にほかならない。

唯識無境

続く偈で、唯識悟入の修行について述べている。

認識表象のみであるということに、認識がとどまらない限り、所取と能取（認識の客体と主体）を引き起こす潜在的な煩悩（随眠）は、消滅することはない。（第二十六偈）

「これは認識表象に過ぎない」と捉えても、眼前に何かを立てているなら、ただ認識表象のみにとどまることはない。（第二十七偈）

しかし、対象を認識が決して捉えないならば、そのとき認識表象のみであることにとどまる。認識の客体がないとき、認識の主体を捉えないので。（第二十八偈）[20]

「対象が認識表象に過ぎない」ということを認識しない限り、認識の主体と客体という構造を引き起こす煩悩が滅することはない。したがって、まず見えている

【20】『唯識三十頌』第二十六偈から第二十八偈、Lévi [1925: pp.42-43]

対象が認識表象に過ぎないことを捉えなければならない。しかし、「これは認識表象に過ぎない」と捉えたとしても、その状態で瞑想修行者が眼前に何らかの影像を描き出しているときは、対象化された認識を捉えているので、認識表象に過ぎないものにとどまることはない。そのような場合、認識の主体と客体という構造から離れていないので、ただ認識表象のみがあるという状態にはならない。認識が対象を捉えなくなるとき、所取（認識の客体）がなくなるので、能取（認識の主体）もなくなり、認識表象のみ（唯識）という状態にとどまることになる。

転依

唯識への悟入を説いたのち、『唯識三十頌』の最後の二偈は、転依について語っている。

その人（ヨーガ行者）は無心にして、無知覚となる。その知は世間を超越する。重苦しさを捨てることにより、基体であるアーラヤ識の転換が、煩悩障の捨断と所知障の捨断という二通りのかたちで起こる。（第二十九偈）

それこそが、不可思議にして、善であり、恒常なる無漏の法界である。そ

れは声聞にとっては安楽なる解脱身である。それは菩薩にとっては偉大な牟尼の法と称するものである。（第三十偈）[21]

これまでは人を主語としていなかったが、第二十九偈では「その人」が主語となる。「その人」と訳したのは、原文では三人称の代名詞の男性形で、直訳すれば「彼」となる。この代名詞がさすものは、これまでの偈頌の中にはないが、スティラマティの注釈によればヨーガ行者をさしている。前節で唯識無境の境地が明らかにされたが、そこは修行段階でいえば「見道」という。瑜伽行唯識派の修行は資糧道、加行道、見道、修道、究竟道の五段階があり、見道は唯識無境を体得した段階で、まだ先がある。スティラマティは、「この二偈は、認識表象のみであることに悟入したヨーガ行者には、見道から、優れた上位に向かうことで、果報の成就があることを示す」といっている。

ヨーガ行者の「無心」「無知覚」はそれぞれ、能取（認識の主体）としての心がないこと、所取（認識の客体）としての対象がないことを意味している。すなわち分別（vikalpa）に生じる認識の主客の構造がなくなった状態である。認識の主客の構造がない状態は「無分別」とよばれ、世間を超越している。この世間を超

【21】『唯識三十頌』第二十九偈・第三十偈、Lévi［1925: p.43］

越した知、すなわち無分別智が生じた直後に基体の転換が起こる。基体とはすべての種子を備えたアーラヤ識であり、それが転換するというのは、重苦しさと異熟と所取・能取の潜在印象の活動が停止し、軽快さと法身と不二の知が生じることによって、アーラヤ識が転換することをいう。これを「転依（てんね）」という。

　このアーラヤ識の転換が起こるために、煩悩障の重苦しさと、所知障の重苦しさを捨てる。重苦しさとは基体であるアーラヤ識が軽快でない状態であり、煩悩障と所知障の種子（原因）でもある。声聞や独覚にとっての重苦しさを捨てるときに起こる転依は、解脱身である。一方、菩薩にとっての重苦しさを捨てることによって、解脱身だけでなく、偉大な牟尼たる仏陀の法とよばれるものが得られる。断ち切る煩悩の違いによって、転依も二通りになるのであり、菩薩の転依がこの上のない最高の転依とされる。

第十章　結びにかえて

唯識思想と言えば、ただ認識のみが存在し、外界の対象は実在しないという思想だと理解されていることが多い。また、アーラヤ識や三性説という専門用語を思い浮かべる人もいるだろう。これまで書かれてきた概説書も主にそうした術語の解説に重点が置かれていたように思う。もちろん、それらは唯識思想を理解する上では必ず取り上げなければならないことは間違いない。また、多くの研究者がその解明に尽力してきたおかげで、今日、アーラヤ識や三性説については、一般にも広く知られるようになってきた。しかし、その一方で、見過ごされてきた部分も多くあったように思われる。そこで本書では、これまであまり取り上げられることのなかった『菩薩地』の思想の解説から始め、そこから派生する思想の展開を概観しようと試みた。そのため、アーラヤ識や三性説などの概念を項目に立てるのではなく、文献ごとに章を立てて解説している。ただし、概説書という本書の性格から、文献相互の影響関係や、思想史的な前後関係を厳密に検討しているわけではない。その点はご承知おき願いたい。

本文で述べたように、『菩薩地』は『瑜伽師地論』という文献の一部を構成しており、唯識派の最も古い思想形態を伝えていると考えられている。そこに説かれる思想は、端的に言えば、事物（vastu）は本質的に言語表現し得ないということに尽きる。『菩薩地』の思想は、この言語表現し得ない事物を前提として成り立っており、いわゆる唯識思想は説かれない。そのために唯識思想の解説で取り上げられてこなかった。しかし、『菩薩地』の思想は事物の実在性だけで読み解けるものではない。むしろ、『菩薩地』は心のはたらきである分別と事物の関わりを深く洞察している。単に事物の実在性をことさらに強調するのではなく、なぜ本来は言語表現し得ないはずの事物に名称が付与されるのか、ということが問題になっている。そして、名称の付与にとどまらず、対象を認知することで自我や所有の観念が生じ、対象に対して好意や敵意など、様々な思いを抱くようになることが洞察されている。『菩薩地』がこうした考察の結果をうまく表現できているとは言い難いが、事物のみが厳然と存在しているような世界を想定しているわけではない。

この分別と事物の関係は、その後の唯識思想の展開において重要な意味をもっている。同じく『瑜伽師地論』の一部を構成する「摂決択分」では、五事説という学説によって『菩薩地』の事物を分析し、言語表現の基体としての側面を「相」、言語表現し得ない側面を「真如」とした。その結果、「分別」「相」「真如」の関係が特に重要な考察の対象となり、『解深密経』や「般若経」の「弥勒請問章」でも、術語としての表現は異なるものの、同じ問題意識が継承されていく。そして、その過程で「分別」の役割が重要なものになっていく。

また、五事説とヨーガ行者の実践が密接に関係していたことは「摂決択分」の記述からも窺えるが、それを簡潔にまとめているのが、『大乗荘厳経論』であった。そこでは五事説に関連する術語を用いて、ヨーガ行者が体験する世界を表現している。『大乗荘厳経論』の全体からみれば、ごく短い内容だが、思想史的には重要な意味があると考えて、本書に採録した。

五事説はこれまでの概説書ではほとんど取り上げられることがなかったが、最初期の思想からの展開を考えるためには、重要な教説であることがわかるだろう。

本書では、この後『中辺分別論』『摂大乗論』『唯識三十頌』を取り上げている。

これらは従来の概説書でも取り上げられる機会が多く、一般向けの翻訳も出ている。ところで、これらの文献は、『菩薩地』の思想や五事説との関係がやや希薄なように思われるかもしれない。もちろん、まったく関係がないというわけではなく、概念を継承していたり、同じ考え方が見られたり、ときには直接的な言及もあるが、それらは極めて断片的な印象を与える。しかし、これらの文献は本質的な部分で『菩薩地』からの思想の発展過程に連なっていると考えられる。

すでに述べたように、五事説に関連する思想の展開において、「分別(vikalpa)」が重要な位置を占めるようになっていった。「分別」という術語そのものではないが、『中辺分別論』は「虚妄分別(abhūtaparikalpa)」という概念を思想の基底に置いており、『摂大乗論』もこの「虚妄分別」という概念を継承し、依他起相の解説に取り入れている。また、『唯識三十頌』は、識転変という独自の概念を打ち出しているが、この識転変は「分別(vikalpa)」であり、そして三性説の依他起性も同じく「分別」であるとしている。つまり、『唯識三十頌』では、「分別」が思想全体を統括する概念となっている。

このように考えると、最初期の思想を伝える『菩薩地』から、唯識思想の完成形といえる『唯識三十頌』に至るまで、常に「分別」が重要な意味を持っていたことがわかる。『菩薩地』の事物（vastu）に関する思想は、一見すると対象の実在を強調するようにみえるが、むしろ分別（vikalpa）のはたらきの方に意味がある。分別は唯識思想の発展の過程で「三界の心・心所」と位置付けられ、思想の中核を担うようになっていった。心・心所は人間の精神活動の総体であり、人間の存在を支える根本であり、そこから世界が展開する原因でもある。ここには人間の実存が唱導されているように思う。

本書はこうした観点に立って文献を辿りながら、唯識思想の全体を俯瞰しようと試みた。そのため、術語の解説が、かえって不十分な点があったかもしれない。巻末に参考文献を紹介しておくので、そちらも参照していただきたい。

参考文献

原典（サンスクリット語・チベット語校訂テキスト）

『菩薩地』

Wogihara, Unrai［1930-1936］*Bodhisattvabhūmi : A statement of whole course of the Bodhisattva (being fifteenth section of Yogācārabhūmi)*, Tokyo.［Reprented by Sankibo Buddhist Book Store in 1971］

Dutt, Nalinaksha［1966］*Bodhisattvabhūmiḥ, Being the XVth section of Asaṅgapāda's Yogācārabhūmiḥ*, K.P. Jayaswal Research Institute, Patna.

高橋［2005］（和訳を含む）

「摂決択分」

Kramer, Jowita［2005］*Kategorien der Wirklichkeit im frühen Yogācāra : der Fünf-vastu-Abschnitt in der Viniścayasaṃgrahaṇī der*

Yogācārabhūmi, L. Reichert, Wiesbaden.
高橋［2005］（和訳を含む）

「**弥勒請問章**」
Conze, Edward & Iida, Shotaro［1968］"Maitreya's Questions" in the *Prajñāpāramitā*, *Mélanges d'Indianisme a la mémoire de Louis Renou*, Paris.
【和訳】袴谷［2008］

『**解深密経**』
Lamotte, Étienne［1935］*Saṃdhinirmocana sutra, L'explication des Mystutra, Texte Tibétain Édité et Traduit*, Louvain/ Paris.
【和訳】袴谷［1994］

『**大乗荘厳経論**』
Lévi, Sylvain［1907］*Mahāyāna-Sūtrālaṃkāra : exposé de la doctrine du*

Grand Véhicule : selon le systéme Yogācāra (Bibliothèque de l'École des hautes études; Sciences historiques et philologiques). Reprented by the Rinsen Buddhist Text Series in 1983.

長尾［2007a］［2007b］［2009］［2011］（和訳を含む）

『中辺分別論』

Nagao, Gadjin［1964］*Madhyāntavibhāga-bhāṣya: a Buddhist philosophical treatise*, Suzuki Research Foundation, Tokyo.

Yamaguchi, Susumu［1934］*Madhyāntavibhāgaṭīkā : exposition systématique du Yogācāravijñaptivāda*, Hajinkaku, Nagoya.

【和訳】長尾・梶山・荒牧［2005］

『摂大乗論』

Lamotte, Étienne［1973］*La somme du Grand Véhicule d'Asaṅga (Mahāyānasaṃgraha)* (2vols), Université de Louvain, Institute Orientaliste: Louvain-la-Neuve [Reprinted by blueprint. Originally published: Bureaux du Muséon, 1938〕

長尾〔1982〕〔1987〕（和訳を含む）

『唯識三十頌』

Buescher, Hartmut〔2007〕*Sthiramati's Triṃśikāvijñaptibhāṣya : Critical Editions of the Sanskrit Text and its Tibetan Translation*, Österreichische Akademie der Wissenschaften. Philosophisch-Historische Klasse, Bd. 768

Lévi, Sylvain〔1925〕*Vijñaptimātratāsiddhi : deux traités de Vasubandhu : Viṃśatikā (La vingtaine) accompagnée d'une explication en prose, et Triṃśikā (La trentaine) avec le commentaire de Sthiramati*, Bibliothèque de l'École des hautes études, Paris.

【和訳】三枝〔2004〕、竹村〔1985〕、長尾・梶山・荒牧〔2005〕、廣澤〔2005〕

（**概説書・和訳など**）

加藤朝胤（監修）船山徹・石垣明貴杞（執筆）［2023］『唯識——これだけは知りたい』、法蔵館
三枝充悳［2004］『世親』（講談社学術文庫）、講談社［『ヴァスバンドゥ』（人類の知的遺産14）（一九八三年出版）の文庫版］
髙崎直道（監修）桂紹隆（編集）［2012］『シリーズ大乗仏教第七巻　唯識と瑜伽行』、春秋社
高橋晃一［2005］『『菩薩地』「真実義品」から「摂決択分中菩薩地」への思想展開—vastu 概念を中心として』（インド学仏教学叢書）、山喜房仏書林
高橋晃一［2012］「初期瑜伽行派の思想」、『シリーズ大乗仏教第七巻　唯識と瑜伽行』、春秋社
竹村牧男［1985］『唯識の構造』、春秋社
竹村牧男［2001］『唯識の探究——『唯識三十頌』を読む』、春秋社
長尾雅人［1982］『摂大乗論　和訳と注解』（上）、（インド古典叢書）、講談社
長尾雅人［1987］『摂大乗論　和訳と注解』（下）、（インド古典叢書）、講談社
長尾雅人［2007a］『『大乗荘厳経論』和訳と註解—長尾雅人研究ノート—』（1）、長尾文庫

長尾雅人［2007b］『『大乗荘厳経論』和訳と註解―長尾雅人研究ノート―』（2）、長尾文庫
長尾雅人［2009］『『大乗荘厳経論』和訳と註解―長尾雅人研究ノート―』（3）、長尾文庫
長尾雅人［2011］『『大乗荘厳経論』和訳と註解―長尾雅人研究ノート―』（4）、長尾文庫
長尾雅人・梶山雄一・荒牧典俊［2005］『大乗仏典〈15〉世親論集』（中公文庫）、中央公論新社［一九七六年初版］
袴谷憲昭［1994］『唯識の解釈学――『解深密経』を読む』、春秋社
袴谷憲昭［2001］『唯識思想論考』、大蔵出版
袴谷憲昭［2008］『唯識文献研究』、大蔵出版
兵藤一夫［2006］『唯識ということ――『唯識二十論』を読む』、春秋社
兵藤一夫［2010］『初期唯識思想の研究：唯識無境と三性説』、文栄堂書店
廣澤隆之［2005］『『唯識三十頌』を読む』（TU選書3）、大正大学出版会
船山　徹［2021］『婆藪槃豆伝　インド仏教思想家ヴァスバンドゥの伝記』、法蔵館

横山紘一［1976］『唯識思想入門』（レグルス文庫）、第三文明社
横山紘一［2010］『唯識仏教辞典』、春秋社
横山紘一［2016］『唯識の思想』（講談社学術文庫）、講談社

著者紹介

高橋晃一（たかはし・こういち）

1971年生まれ。東京大学大学院人文社会系研究科博士課程単位取得退学。博士（文学）（東京大学）。現在、東京大学文学部准教授。著書に、『『菩薩地』「真実義品」から「摂決択分中菩薩地」への思想展開―vastu概念を中心として』（インド学仏教学叢書、2005年）、「初期瑜伽行派の思想―『瑜伽師地論』を中心に―」（高崎直道監修、桂紹隆・斎藤明・下田正弘・末木文美士編『シリーズ大乗仏教7　唯識と瑜伽行』春秋社、2012年）などがある。

シリーズ思想としてのインド仏教
心と実存　唯識

2024年2月20日　第1刷発行

著　者＝高橋晃一
発行者＝小林公二
発行所＝株式会社 春秋社
〒101-0021　東京都千代田区外神田2-18-6
電話（03）3255-9611（営業）（03）3255-9614（編集）
振替　00180-6-24861
https://www.shunjusha.co.jp/
印　刷＝萩原印刷株式会社
装　幀＝伊藤滋章

ISBN 978-4-393-13445-0　定価はカバーに表示してあります